Inhaltsverzeichnis

Vorwort

Liebe Leserinnen, lieber Leser*,

kennen Sie das? Auch wenn für mich der Kunstunterricht mein Schwerpunktfach ist, hänge ich an einigen Vorlieben. Ich liebe den Wasserfarbkasten und alles, was man mit farbigem Material machen kann. Regelmäßig ereilt mich aber ein schlechtes Gewissen, wenn ich an den Lernplan denke und mich daran erinnere, dass es noch einige weitere Lernbereiche im Bereich Gestalten gibt. Szenisches, räumliches, textiles Gestalten und die Arbeit mit Medien sowie die Bildbetrachtung führen ein Schattendasein, wenn ich nicht aufpasse. Und das muss nicht sein. Es gibt so viele herrliche Ideen zu diesen Disziplinen, die mir und den Kindern viel Spaß machen – und auch nicht kompliziert und aufwändig in Vorbereitung und Durchführung sind. So habe ich mit mir abgemacht, dass ich das farbige Gestalten mit den anderen Disziplinen verknüpfe und an ein „farbiges“ Projekt anschließe. Wäre das auch etwas für Sie? Dann lassen Sie sich im Anschluss an jedes Kapitel von mir inspirieren.

Zunächst kurz ein Blick auf die Form- und Farbenlehre:
Je älter die Kinder sind, umso bewusster und gezielter sollten nicht nur die Materialien, Techniken und Werkzeuge im Kunstunterricht eingesetzt werden, sondern auch die Farben und Formen. In den Vorbesprechungen und abschließenden Reflektionen sollten Sie unbedingt über Farbwirkungen und Farbalternativen sprechen.
Mit **Erst- und Zweitklässlern** betrachte ich die Nachbarfarben einer Farbe, um Farben zu differenzieren. Ferner ermitteln wir regelmäßig Kontrastfarben im Sinne von Komplementärfarben, um eine geeignete Hintergrundfarbe zu finden. Bei **älteren Kindern** geht es um Quantitäts- und Qualitätskontraste, Hell-Dunkel- und Warm-Kalt-Kontraste.
Für die nachfolgenden Betrachtungen ziehe ich den **Ittenschen Farbkreis** heran. Dieser hängt ständig in meiner Klasse und wird vom 1. Schuljahr an genutzt. Sieben Farbkontraste stehen im Mittelpunkt des Kunstunterrichtes:

1. Farbe-an-sich-Kontrast:

Ein Kontrast, der durch die drei ungetrübten, reinen Grundfarben (Rot, Gelb, Blau) gebildet wird. Man erzielt damit eine bunte, fröhliche Farbwirkung. (Diesen Farbkontrast kann man z. B. bei dem Projekt „Zirkus, Zirkus“ s. S. 6 gut thematisieren.)

2. Hell-Dunkel-Kontrast:

Jede Farbe hat neben ihrem Farbton auch einen bestimmten Helligkeitswert. Gelb zählt zu den hellsten Farben, Violett zu den dunkelsten. Helligkeiten können durch Schwarz- oder Weißbeimischungen verändert werden. Der ausdrucksstärkste Hell-Dunkel-Kontrast wird durch die Farben schwarz und weiß erzielt. (Dieser Farbkontrast bietet sich z. B. bei der Besprechung des „Rumpelstilzchen“-Projektes s. S. 34 an.)

3. Kalt-Warm-Kontrast:

Farben, die überwiegend Gelb, Orange und Rot enthalten, werden den warmen Farben zugeordnet. Farben mit Blauanteil (Grün, Blau, Violett) zählen zu den kalten Farben. Beide Farbgruppen rufen verschiedene Raumwirkungen hervor. Warme Farben drängen nach vorne und scheinen uns näher zu liegen. Kalte Farben weichen zurück und schaffen räumliche Tiefe. Betrachtet man eine Landschaft, erscheinen die entfernter liegenden Dinge wegen der dazwischen gelagerten Luftschichten bläulicher. In Landschaftsmalereien wird

der Kontrast genutzt und entfernte Dinge mit ein wenig Blau gemischt. Warme und kalte Farben liegen im Farbkreis (außen) nebeneinander und sind dort „Nachbarfarben".
(Diesen Farbkontrast kann man z. B. gut bei den Projekten „Winterliches Dorf" und „Rumpelstilzchen" thematisieren.)

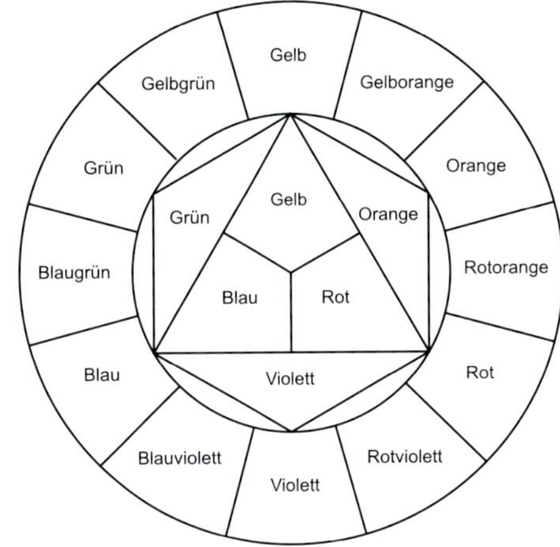

4. Komplementär-Kontrast:

Größte Kontrastwirkungen entstehen, wenn Farben, die sich auf dem Farbkreis gegenüberliegen, nebeneinandergestellt werden. Entsprechen sich die Helligkeitswerte und die Farbsättigung eines komplementären Farbpaares, so ist ihre Kontrastwirkung am stärksten. (Diesen Farbkontrast kann man z. B. gut bei den Projekten „Turm aus Bauklötzen" s. S. 20 und „Apfel" s. S. 41 besprechen.)

5. Simultan-Kontrast:

Wenn sich zwei benachbarte Farben gegenseitig so beeinflussen, dass jede Farbe ihrer benachbarten die eigene Komplementärfarbe übermittelt und deren Helligkeit oder Dunkelheit verstärkt, spricht man vom Simultankontrast (Entstehung von Nachbildern in der Komplementärfarbe nach längerer Farbbetrachtung).
Der Apfel des Projektes „Apfel" wirkt in grüner Umgebung zum Beispiel leuchtender, als auf einem orangfarbenen Hintergrund.

6. Qualitätskontrast:

Dieser Kontrast entsteht durch den Gegensatz von gesättigten (reinen) Farben und getrübten Farben. Die Farbqualität bezieht sich auf die Reinheit der Farbe. Die reine Farbe kann mit Schwarz, Weiß oder ihrer Komplementärfarbe getrübt werden. Qualitätskontraste finden Sie in allen Projekten, in denen eine Farbe differenziert wird. (Für diesen Farbkontrast bieten sich besonders die Projekte „Turm aus Bauklötzen" s. S. 20 und „Winterliches Dorf" s. S. 66 an.)

7. Quantitätskontrast:

Er bezieht sich auf das Größenverhältnis von Farbflächen oder -flecken. „Wenig" einer Farbe steht einem „Viel" einer anderen Farbe gegenüber. Interessant ist darüber hinaus aber auch noch folgende Erscheinung: Ein helles Gelb kann bei gleicher Ausdehnung (gleicher Menge) ein Violett zu einem „Dunkel" abschwächen. Gelb hat deutlich mehr Strahlkraft.

Die Farbe Braun lässt sich einfach durch das Mischen von Komplementärfarben erzielen, zum Beispiel durch Mischen von Rot und Grün, Blau oder Orange, Gelb und Violett.

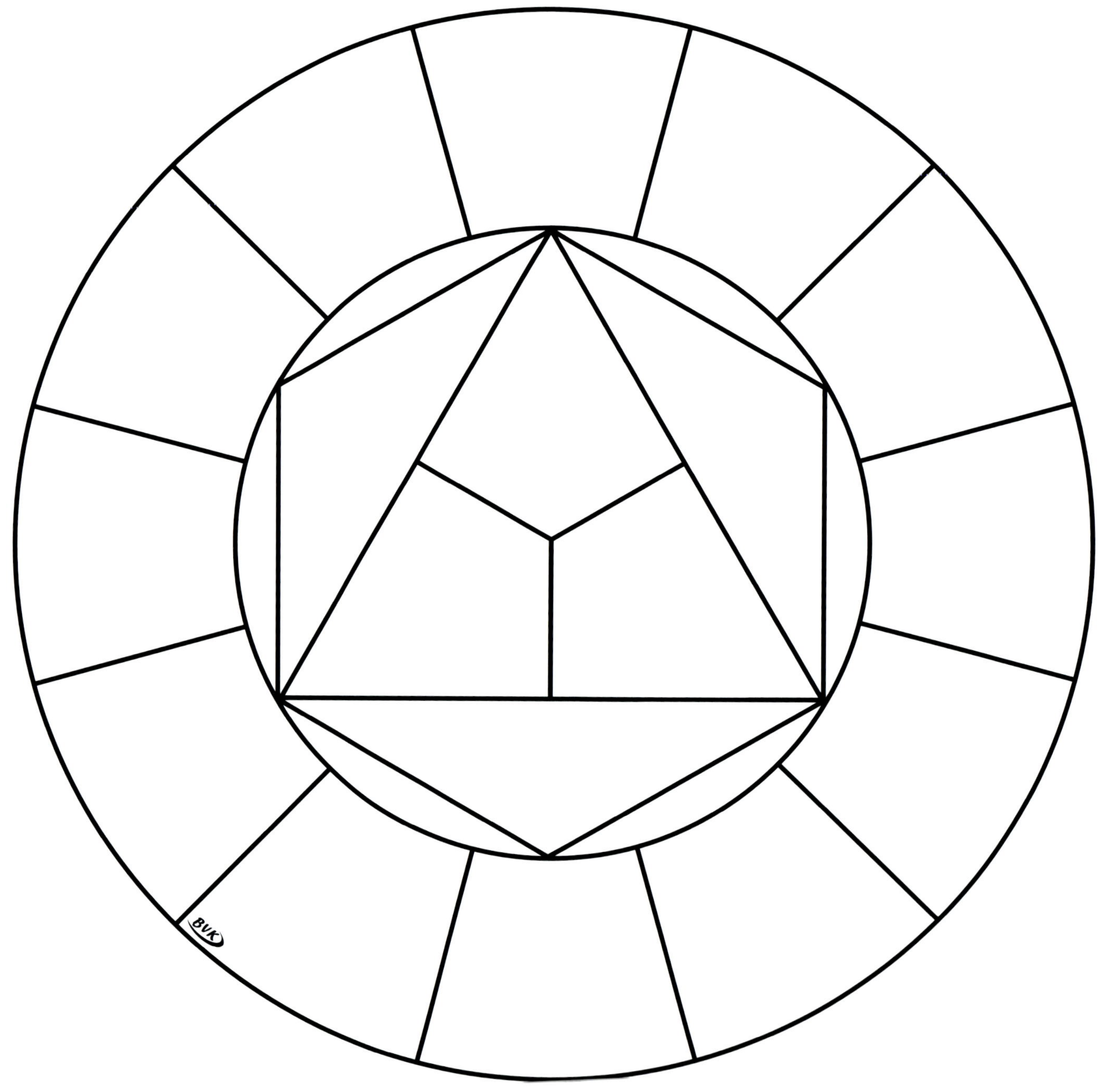
BVK

Vorwort

Neben den Farben bestimmen die Formen der Bildelemente und ihre Zuordnung zueinander die Wirkung eines Kunstwerkes. Bildnerische Mittel lassen sich in drei Gruppen einteilen:

1. Bildelemente:

a) Bildelemente des Flächenhaften:
  - Punkt (in seinen unterschiedlichen Qualitäten: groß, klein, farbig, als Tupfen, als Negativform …)
  - Linie (dick, dünn, lang, kurz, senkrecht, waagerecht, parallel, gekreuzt, gebogen, gezackt, rund, strukturiert, ungleichmäßig dick etc.)
  - Fläche (entsprechend der Grundformelemente Kreis, Oval, Dreieck, Viereck etc. und in unterschiedlichen Qualitäten)
  - Fleck im Sinne einer nicht gleichmäßigen Fläche und in unterschiedlichen Qualitäten

b) Bildelemente des Körperhaften (Grad, Kante, Mulde, Grundformelemente Kugel, Quader etc.)

c) Bildelemente des Räumlichen (raumschaffende und raumgliedernde Elemente)

2. Kontraste:

Farbkontraste, Formkontraste, Größenkontraste, Mengenkontraste, Richtungskontraste, Kontrastüberlagerungen etc.

3. Ordnungsprinzipien:

Reihung, Musterung, Rhythmus, Symmetrie / Asymmetrie, Horizontale, Vertikale, Diagonale, Umriss / Kontur, Silhouette, Streuung, Ballung, Verdichtung / Verschmelzung, Auflockerung, Verzweigung, Verwerfung, Verkleinerung, Überdeckung / Überschneidung / Überlagerung, Parallelität, Staffelung, Schichtung, Struktur, Fraktur, Textur, Transparenz, Perspektive, Goldener Schnitt etc.

Viele der gerade genannten Ordnungsprinzipien (z. B. Musterung, Reihung, Streuung, Ballung, Struktur, Umriss) kann man schon ab dem ersten Schuljahr mit den Kindern besprechen. Aber auch an anspruchsvollere Themen wie die „Perspektive" kann man sich durchaus in der Grundschule heranwagen (s. Projekt „Alles eine Sache der Perspektive", S. 58.)

Abschließend ein Hinweis zur Betrachtung „alter Meister". Zu nichtdigitalen Zeiten habe ich mir „Google"-Bilder auf Folien ausgedruckt und über den Overheadprojektor an die Klassenwand geworfen. Mittlerweile verbinde ich mein Handy oder einen Laptop mit dem Beamer und habe so ohne Vorbereitung eine farbig gute und scharfe Großdarstellung des Betrachtungsobjektes.

Genug der trockenen Worte. Jetzt geht's bunt und lustig weiter. An die Pinsel – fertig – los!

Viel Spaß und liebe Grüße
Ihre Doris Krebs

***Hinweis:**
Aus Gründen der besseren Lesbarkeit wird im Folgenden auf eine sprachliche Differenzierung der Geschlechterbezeichnungen verzichtet. Wir haben uns für die „neutrale" Form entschieden, selbstverständlich sind stets alle Geschlechter angesprochen.

Zirkus, Zirkus

Zeit
ca. 3–4 Stunden

Sachthemen: Zirkus, Clown, Verkleiden, Karneval, Sport, Feste feiern

Material

Deckfarben, Zeichenblöcke DIN A3, Tonpapier, (Flüssig-)Klebstoff

Kompetenzen

- Papiercollage erstellen mittels gezielten Kombinierens farbiger Flächen
- zielgerichtetes farbiges Gestalten einer Zirkusbühne (Hintergrund) unter anderem durch deckendes Farbmischen, Abdunkeln und Aufhellen der Farbfelder
  oder durch eigenständiges Gestalten eines Hintergrundes unter Berücksichtigung einer geeigneten Farbwahl (Kontrastfarbe)
- Hintergrund, Clown und Turngeräte in Beziehung bringen (Bildkomposition)

Bildaufbau

Zum Einstieg darf ich Ihnen eine Multifunktionsfigur vorstellen. Mit diesem Clown können Sie alles machen: Vom schnellen Fensterbild bis hin zum gemalten Kunstwerk.

Innerhalb unseres Lese-Schreib-Lehrganges benötige ich keinen großen Einstieg. Die Fibelfiguren leben und lernen im Zirkus. Da sind Clowns ja bekanntlich nicht weit. Hat man keine Zirkusfibel und möchte mit den Kleinen keinen Kaltstart in die Clownsaufgabe machen, schlage ich eines der vielen Bewegungslieder vor: Kennen Sie zum Beispiel das Lied „Clown Sporelli“ von Detlef Jöcker *(https://www.youtube.com/watch?v=GTCa-V0WoXM)*? Passt perfekt!

1. **„Clown“:** Egal, ob Sie den Clown nur als Fensterbild oder Pappfigur zur Dekoration benötigen oder mit den Kindern ein Kunstprojekt durchführen möchten, beginnen müssen Sie die Arbeit mit der Erstellung des Clowns. Auch hier können Sie es sich ganz einfach machen. Wenn Sie sich die Vorbereitung von Bastelschablonen sparen möchten, kopieren Sie die Vorlage (s. S. 10) auf verschiedenfarbige Tonpapierbögen (in der Anzahl ihrer Kinder) und schneiden Sie diese wie in der Abbildung gezeigt in 5 Teile (drei Schnitte unter einer großen Schulschneidemaschine). Von jedem der fünf entstehenden „Häufchen“ bekommt jedes Kind einen Teil. Wichtig ist, dass jedes Kind fünf Teile in jeweils unterschiedlichen Farben erhält. In dem Fall fügt sich der Clown von allein farblich passend zusammen.
   Alternativ dazu können Sie Bastelschablonen zuschneiden und die Kinder kreative Farbzusammenstellungen finden lassen. Manchmal finden sich bei den Papierresten auch noch passende Reststücke anderer Materialien (z. B. Goldpapier, Wellpappe etc.). Wenn einem die Clowns nicht zu „wild“ werden, kann man den Kindern auch dieses Material zum Gestalten zur Verfügung stellen.

Schließlich bleibt Ihnen noch die Möglichkeit, den Clown ganz frei gestalten zu lassen. Das kann mit Tonpapier, aber auch als Deckfarbenmalerei geschehen. Wichtig wäre dann, eine Größenvorgabe festzulegen, wie zum Beispiel: „Der Clown muss so groß wie ein DIN-A4-Blatt werden".

Schülerarbeiten

Kinder aller Altersstufen rege ich stets dazu an, sich über die Vorlage hinaus Gedanken zur Gestaltung zu machen:

- Wie kann man die verschiedenen Körperteile sinnvoll zusammensetzen, um unterschiedliche „Turn"-Bewegungen darzustellen?
- Wie kann man die Kleidung des Clowns mit Schere und Papier (nicht mit Filzstiften!) noch weiter gestalten bzw. mustern?
- Welche individuellen Details kann man für den Clown noch finden und gestalten (besondere Schuhe, „Knubbelnase" aus Seidenpapier, Blume im Mund, Hase auf den Schultern etc.)?

Auf den abgebildeten Fotos sehen Sie die diesbezüglichen Versuche von Schülern Ende des ersten Schuljahres.

2. **Hintergrund:** Diesen habe ich mit den Erstklässlern einfach gestaltet: geöffneter, roter Vorhang auf gelbem Grund. Da wir uns schon bei den Clowns verausgabt hatten und trotz der Individualität der Einzelfiguren noch etwas optische Ruhe in die Gruppenpräsentation bringen wollten, sollte der Hintergrund dann einheitlich gestaltet werden.

   Alternativ bietet sich für ältere Kinder folgendes Vorgehen an: Farblich sehr individuell gestaltete Clowns würden sich dafür anbieten, den Hintergrund frei zu gestalten. Man könnte diesen farblich besser abstimmen und ein Hintergrundthema in einer Kontrastfarbe wählen: zum Beispiel: grüne Clowns vor einem roten Zelt, rote Clowns vor einer grünen Wiese, blaue Clowns vor gelbem Scheinwerferlicht, gelbe Clowns vor einem blauen Teich oder Zirkuswagen …

   Auch mit meinen Erstklässlern habe ich schon versucht, große, farbige Flächen durch das Beimischen einer Nachbarfarbe etwas zu schattieren bzw. aufzuhellen. In den roten Vorhang haben wir entweder etwas Gelb oder Dunkelrot gemischt. Das „hebt".

3. **Fertigstellung:** Das „hebt" nehmen wir zum Schluss wörtlich: Eigentlich hätten wir die tollen Clowns auch direkt auf die Hintergrundbilder kleben können, aber wir hatten noch etwas Zeit. Also haben wir kleine Kügelchen aus den Papierresten geformt und mit reichlich Flüssigkleber hinter den Clown geklebt. Schließlich wurde der Clown auf das Bild aufgebracht, wieder mit Flüssigkleber. So entstand ein weiterer plastischer 3-D-Effekt. Auch ein kleines Turngerät (Ball, Kiste etc.) sollte nicht fehlen und hat schließlich noch viele Bilder veredelt.

Reflektion

Folgende Fragestellungen können Ihnen bei einer Nachbesprechung mit den Kindern und der Beurteilung der Werke behilflich sein:

- Wurden die Clownselemente sauber ausgeschnitten und sinnvoll verbunden?
- Welche Bewegungen lässt das Motiv erkennen?
- Nutzt der Clown dazu weitere Elemente (Ball, Ringe, Kiste etc.)?
- Wurden die Farbfelder im Hintergrund sauber und deckend angelegt?
- Ist schon eine erste Farbdifferenzierung gelungen (dunkleres / helleres Rot)?
- Optional bei eigener Hintergrundgestaltung: Wurden Farbkontraste bei Motiv und Hintergrund bewusst eingesetzt? Wie verändert sich die Wirkung bei anderer Farbwahl?

Differenzierung für schnell arbeitende Schülerinnen und Schüler

Für das Arbeitsblatt „Clown“ (s. S. 11) mit der Zusatzaufgabe (Spiegelung der Muster) müssen sich die Kinder sehr konzentrieren. Die Muster auf der linken Seite müssen genau studiert werden, um sie auf der rechten Seite zu spiegeln. Das verspricht einen ruhigen Stundenausklang (… herrlich!).

Übertragung des Projektthemas auf andere Gestaltungsbereiche

Grafisches Gestalten	siehe Zusatzaufgabe Arbeitsblatt „Clown“ (s. S. 11)
Räumliches Gestalten	Für eine szenische Darstellung eines Clownliedes oder einiger Zirkuskunststücke kann eine kleine Fläche im Klassenraum zum Beispiel mit Bett- und Tischtüchern verändert werden, um die Zuschauer in eine andere Welt zu entführen. Wir haben seinerzeit für unseren Karnevalsauftritt eine Clownsmaske aus Zeitung und Kleister modelliert und einen Clownstanz vor der Schulgemeinde performed.
Szenisches Gestalten	Sich als Clown zu verkleiden und einen kleinen Tollpatsch zu spielen, macht einen Riesenspaß. Dazu leitet das zu Beginn erwähnte Lied „Clown Sporelli“ (s. S. 7) an. In den Strophen erfahren die Kinder, was zu tun ist. Das wäre doch etwas für die nächste Karnevalsfeier …
Medien	Das Porträtbild eines jeden Schülers wird entweder mit digitalen Medien oder mit Filzstiften zur Clownmaske. Das Verändern des eigenen Bildes ist ein sehr spannender Prozess und führt in der Regel zu viel Heiterkeit.
Textiles Gestalten	Das oben beschriebene Projekt können Sie fast genauso auch textil gestalten. Für den Hintergrund würde ich weißen Baumwollstoff mit Wasserfarben bemalen und die Clownsteile aus Filz ausschneiden. Diese können aufgeklebt oder aufgenäht werden. Zusätzlich gibt die Bildaufgabe auch die Möglichkeit, das Clownskostüm mit Stickstichen (direkt durch den Hintergrundkarton) zu veredeln. Aber auch aus vorhandenen Textilien ein Kostüm zu wickeln, zu knoten und zu heften, wäre eine fröhliche Aufgabe.
Objekte Bildbetrachtung	Pablo Picasso „Harlequin“ (1918) August Macke „Clown im grünen Kostüm“ (zwischen 1905 und 1914)

Kopiervorlage „Zirkus, Zirkus“

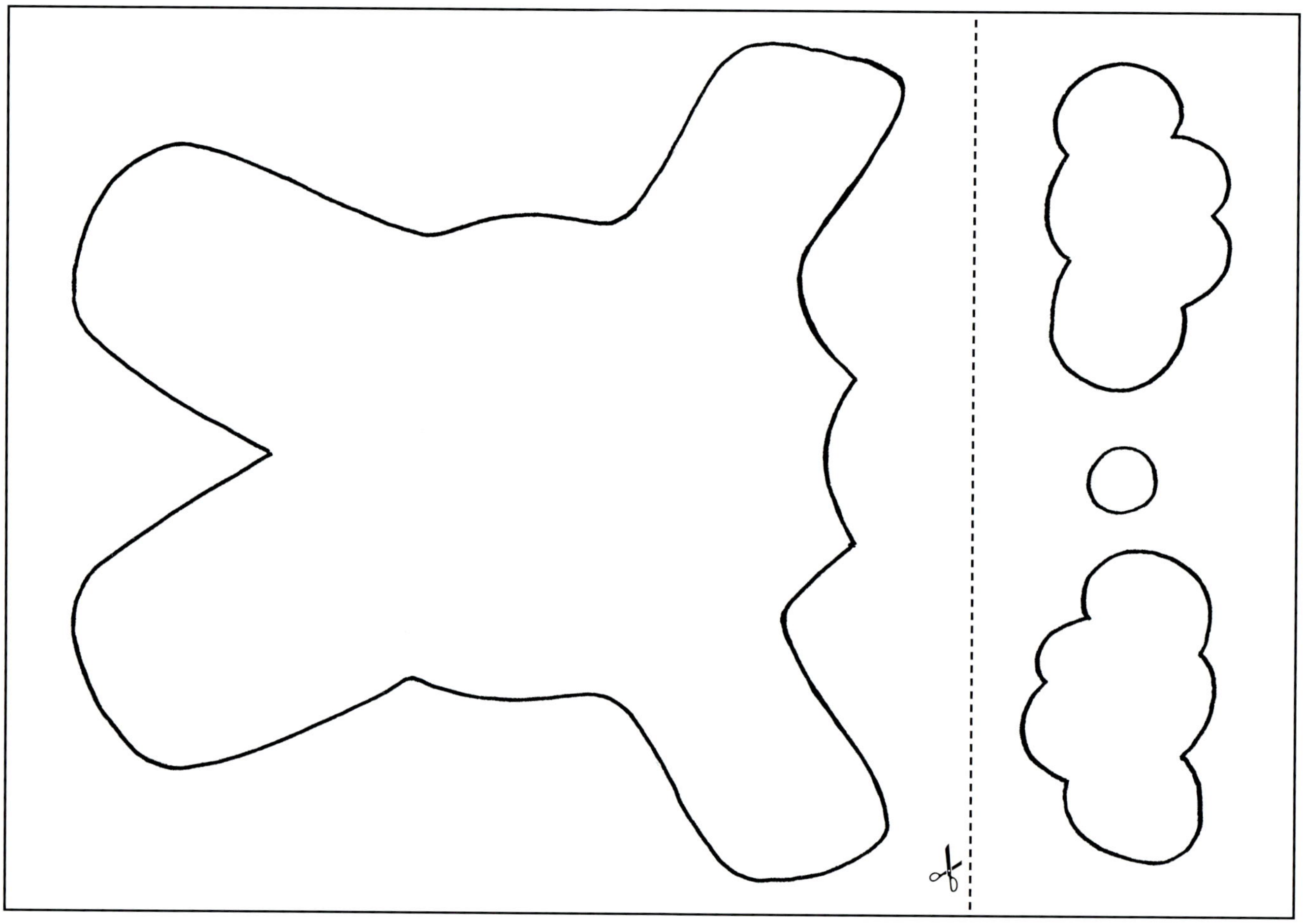

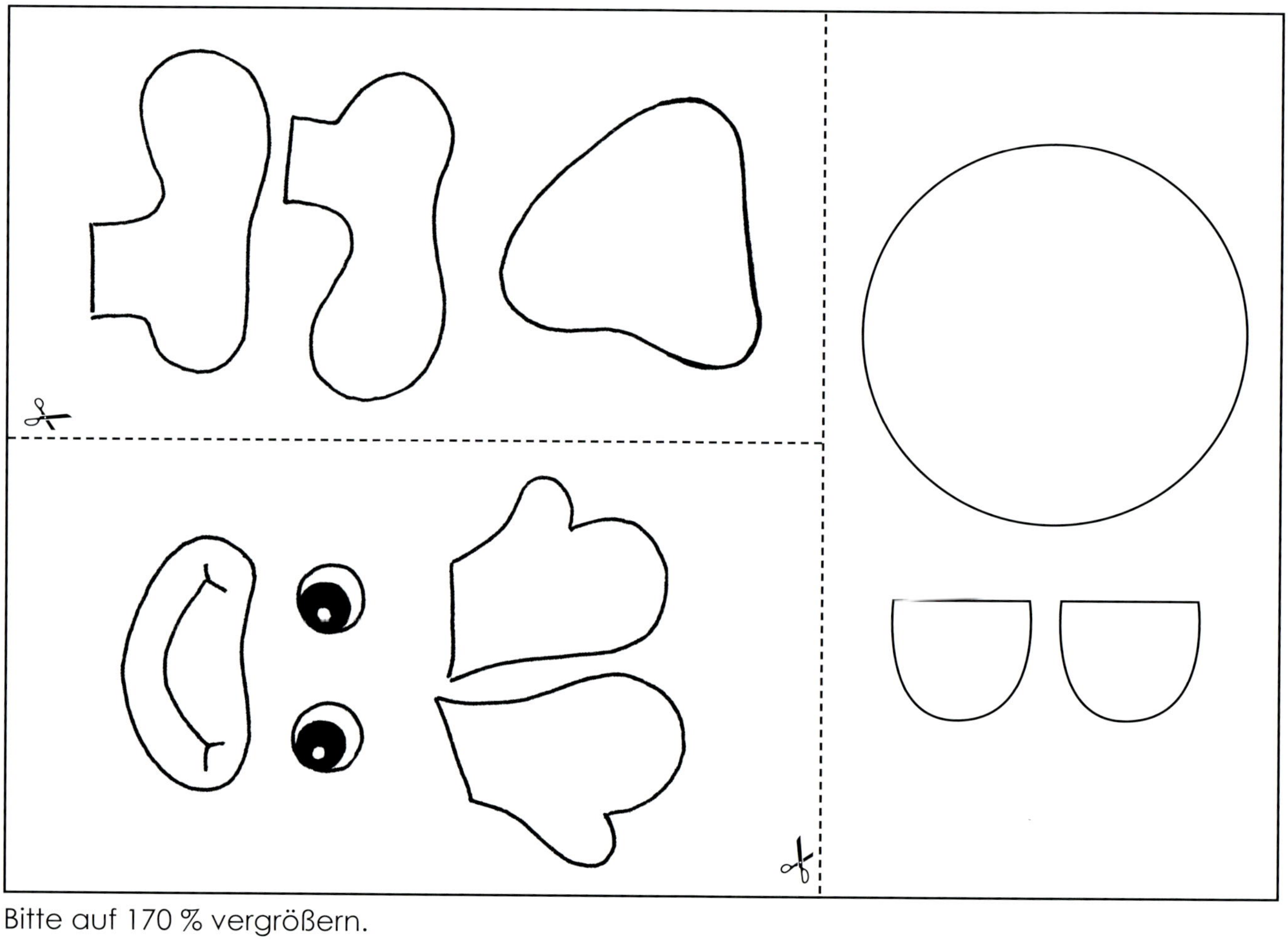

Bitte auf 170 % vergrößern.

Arbeitsblatt „Clown“

Blumenwiese

Zeit
ca. 2–4 Stunden

Sachthemen: Sommer, Wiese, Blumen, Natur

Material

Deckfarbkasten, Zeichenblöcke DIN A3, Schere, Klebstoff

Kompetenzen

- Blütenformen experimentell verändern und den eigenen Formenbestand erweitern
- mittels Scherenschnitt und Falttechnik symmetrische Blüten zuschneiden
- Hintergrund durch Mischen verschiedener Grüntöne gestalten (Gründifferenzierung)
- Motive gezielt anordnen, um die Bildwirkung zu erhöhen
- Ausdifferenzieren der Bildaufgabe (Stiel, Blätter) und Schattieren der Blüten mit Buntstiften

So einfach und so schön. Schnell und ohne großen Aufwand zaubern Sie mit diesem Bild eine Sommerbrise in die Schulflure. In unserem Fall haben wir uns mit mehreren Klassen verabredet und uns jeweils eine Blume ausgesucht. Herausgekommen ist eine wunderschöne Gemeinschaftsausstellung mit einem großen „Wir"-Gefühl. Warum machen wir das eigentlich nicht öfter?

Bildaufbau

1. **Hintergrund:** Damit der Hintergrund Zeit zum Trockenen hat, beginnen wir mit diesem. Der Zeichenblock liegt im Querformat vor den Kindern. Mit einem frischen Gelbgrün wird nun die gesamte Papierfläche überzogen. Dabei können die gelben und grünen Farben direkt im Farbkasten miteinander gemischt werden. (Der Deckfarbkasten ist ein Arbeitsgerät und darf auch dreckig werden. Also keine Scheu beim Mischen. Es lässt sich alles wieder reinigen.) Sehr reizvoll wirken unterschiedliche Gelb-Grün-Mischungen. Sie geben dem Bild eine interessante Tiefe. Wer schon auf Feinheiten wie Pinselführung achten möchte, lässt den Borstenpinsel immer waagerecht von links nach rechts und zurückstreichen. Das lässt den Wiesenhintergrund ruhiger erscheinen. Zum Schluss dürfen die Kinder noch mit etwas Dunkelgrün kleine Rasenbüschel auf das Papier tupfen. Dabei darf das Papier ruhig noch nass sein. So entstehen nicht nur Tupfen mit einem harten Trockenrand, sondern auch Tupfen mit Aquarelleffekt.

2. **Blumen:** Für die margeritenähnliche Blüte benötigen die Kinder einfaches Kopierpapier. Dieses wird mehrfach zu einer Art „Pommestüte" gefaltet. Nun wird von der offenen Seite der Pommestüte zur Mitte hin ein Blütenblatt ausgeschnitten. Die Technik ist dem ein oder anderen Kind sicher von den adventlichen Weihnachtssternen bekannt.

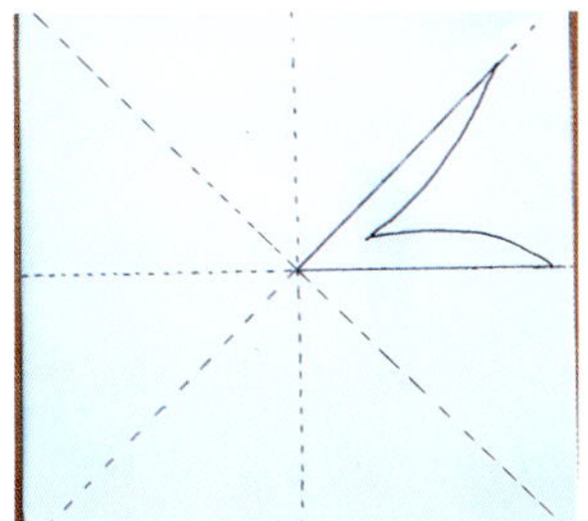

Wenn Sie Ihren Kindern eine Übungsblüte anbieten wollen, können Sie die Kopiervorlage auf Seite 18 nutzen. Das Rechteck wird ausgeschnitten und entlang der Linien gefaltet. Die abgebildeten Blütenschnittlinien sollten immer zu sehen sein. Blüte ausschneiden und die nächste Blüte selbst erfinden.
Das fertige Blütenblatt bekommt nun im Inneren und / oder an den Seiten noch eine leichte Schattenfärbung. Dazu kann man hellblaue oder hellrote Buntstifte benutzen. Die Schattierung kann man bei jüngeren Kindern weglassen. Sie ist aber enorm wirkungsvoll.

Schülerarbeit

Die Kinder sollten mindestens zwei Blüten gestalten, gerne auch mehr und gerne auch unterschiedliche.
Schließlich runden die kleinen Künstler die Blüten mit einem gelben Blütenkorb in der Mitte der Blüte ab. Das kann mit den Deckfarben geschehen. Ich bin nach dem ersten Durchgang „Deckfarben" immer froh, wenn diese wieder im Schrank und die Tische abgewischt sind. Also nehmen wir alternativ gelbe Filzstifte oder gelbe Wachsmalstifte.

Schülerarbeit

3. **Fertigstellung:** Die Blüten werden nun auf den trockenen Hintergrund geklebt. Dafür benötigt man nur einen Klecks Klebstoff für die Blütenmitte. Die kleinen Blütenblätter sollten später noch etwas vom Hintergrund abstehen. Bei der Anordnung der Blätter ermutigen Sie die Kinder, diese auch ruhig etwas aus dem Bild „fallen" zu lassen. Das sieht nachher, wenn die Bilder auf dem dunkelgrünen Passepartout kleben, sehr locker aus und sorgt für noch mehr Plastizität.
Wer mag, kann mit Filz- oder Wachsmalstift noch den obligatorischen Blumenstiel ergänzen, muss es aber nicht.

Reflektion

Folgende Fragestellungen können Ihnen bei einer Nachbesprechung mit den Kindern und der Beurteilung der Werke behilflich sein:

- Wie viele Blüten sind auf dem einzelnen Kunstwerk? Wie unterscheiden sie sich? Worin?
- Wirken die Bätter leicht und filigran? Welche Falt- und Schneidetechnik steckt hinter der jeweiligen Blüte? Welche Blüten wirken besonders ansprechend? Warum?
- Wie differenziert ist die Wiese (Hintergrund)? Kommen die verschiedenen Grüntöne zur Geltung?
- Wie wirken die Bilder in der Gemeinschaftsausstellung? Entsteht der Eindruck einer großen, frischen Blumenwiese?

Schülerarbeiten

Differenzierung für schnell arbeitende Schülerinnen und Schüler

Auf dem Arbeitsblatt (s. S. 17) sollen die Kinder ihren Formenbestand für Blüten erweitern und dabei versuchen, eine Grundform so vielfältig wie möglich zu verändern. Es entsteht eine Blumenwiese, wie es sie nur im Paradies gibt. Ist der kleine Künstler mit seiner Wiese zufrieden, darf sie gerne mit den Buntstiften koloriert werden.

Alternativ können die Kinder auch noch andere Blumenformen und Farbpaare erproben. Das geht wie oben beschrieben mit dem Deckfarbenkasten oder auch als kleine Miniaturbilder mit Buntstiften oder als Papiercollagen.

Schülerarbeiten

Eine weitere schöne Aufgabe, die man auch als kleine Gruppe verwirklichen kann, ist das Legen einer Blüte aus einfachen Einzelformen. Dafür faltet man ein farbiges Blatt mehrfach und schneidet eine beliebige Form direkt in großen Mengen aus. Von der Mitte aus entsteht dann das mandalaähnliche Kaleidoskop.

Schülerarbeit

Übertragung des Projektthemas auf andere Gestaltungsbereiche

Grafisches Gestalten	siehe Zusatzaufgabe Arbeitsblatt „Blumenwiese" Seite 17
Räumliches Gestalten	Eine Variante zu St. Martin ist eine Blüte aus zwei Elementen, die aus Pappmaché über zwei Luftballons gekleistert werden. Auch auf Sommerfesten wirken diese Ballonblüten fantastisch. Erhellt werden sie mit Lichterketten.
Szenisches Gestalten	Tulpen gibt es zwar nicht zu jeder Jahreszeit, sie sind dennoch Teil der großen Blumenfamilie. Der Gedichtklassiker „Die Tulpe" von Josef Guggenmos kann wunderbar von den Kindern gespielt werden. So fühlt man sich, als sei man selbst eine erblühende Tulpe. Außerdem lockert das Gedicht den Unterricht hervorragend mit etwas Bewegung auf.
Medien	Mit dem Fotoapparat bzw. Handy machen Sie sich mit den Kindern auf die Pirsch und zoomen die interessantesten Blumen und Blüten heran, um sie abzulichten. Ein Jahreskalender könnte zum Beispiel für jeden Monat eine aktuelle Blume zeigen, entweder selbst fotografiert oder im Internet gefunden. Gibt es auch Blumen im Winter? Eine interessante Forscheraufgabe. Allerliebst und etwas für eine Projektwoche ist eine Anregung für einen selbstgemachten Trickfilm zu Josef Guggenmos „Die Tulpe" von Julia Miller-Lissner. Sie finden ihn auf YouTube. Kaleidoskopbilder von selbst fotografierten Pflanzen sind ein tolles Projekt für die Computer-AG. Hier habe ich das Word-Textprogramm verwendet und mittels der „Bildtools" die Bilder auf Seite 19 gezaubert.
Textiles Gestalten	Das oben beschriebene Projekt eignet sich einmal mehr auch als Muttertagsgeschenk: Eine Leinentasche erhält ein großes, grünes Feld mit Textilfarbe. Auf dieses werden weiße Filzblüten genäht. Gelbe Knöpfe in der Blütenmitte runden die Textilarbeit ab. Aber auch als Druck (z. B. auf einem Geschirrtuch) oder für die Seidenmalerei eignet sich das Blumenthema. Gefilzte Blüten als Anstecknadel sind ein weiteres einzigartiges Geschenk.
Objekte Bildbetrachtung	Vincent van Goghs Blumenbilder sind eine sprudelnde Inspirationsquelle für den Betrachter. Er malte nicht nur seine berühmten Sonnenblumen, sondern auch Iris und Vasen voller gemischter Blumen.

Arbeitsblatt „Blumenwiese“

Gestalte deine Blumenwiese

1. Pflanze eine Blumenwiese. Jede Blume sieht anders aus: Es gibt große und kleine Blumen, verschiedene Blütenformen, viele und wenig Blütenblätter, runde, ovale, eckige, gezackte Blütenblätter ... Lass deiner Fantasie freien Lauf!
2. Zeichne kleine Besucher zu den Blumen: Schmetterlinge, Würmer, Käfer, ...
3. Male dein Bild mit Buntstiften aus!

Kopiervorlage „Blüten“

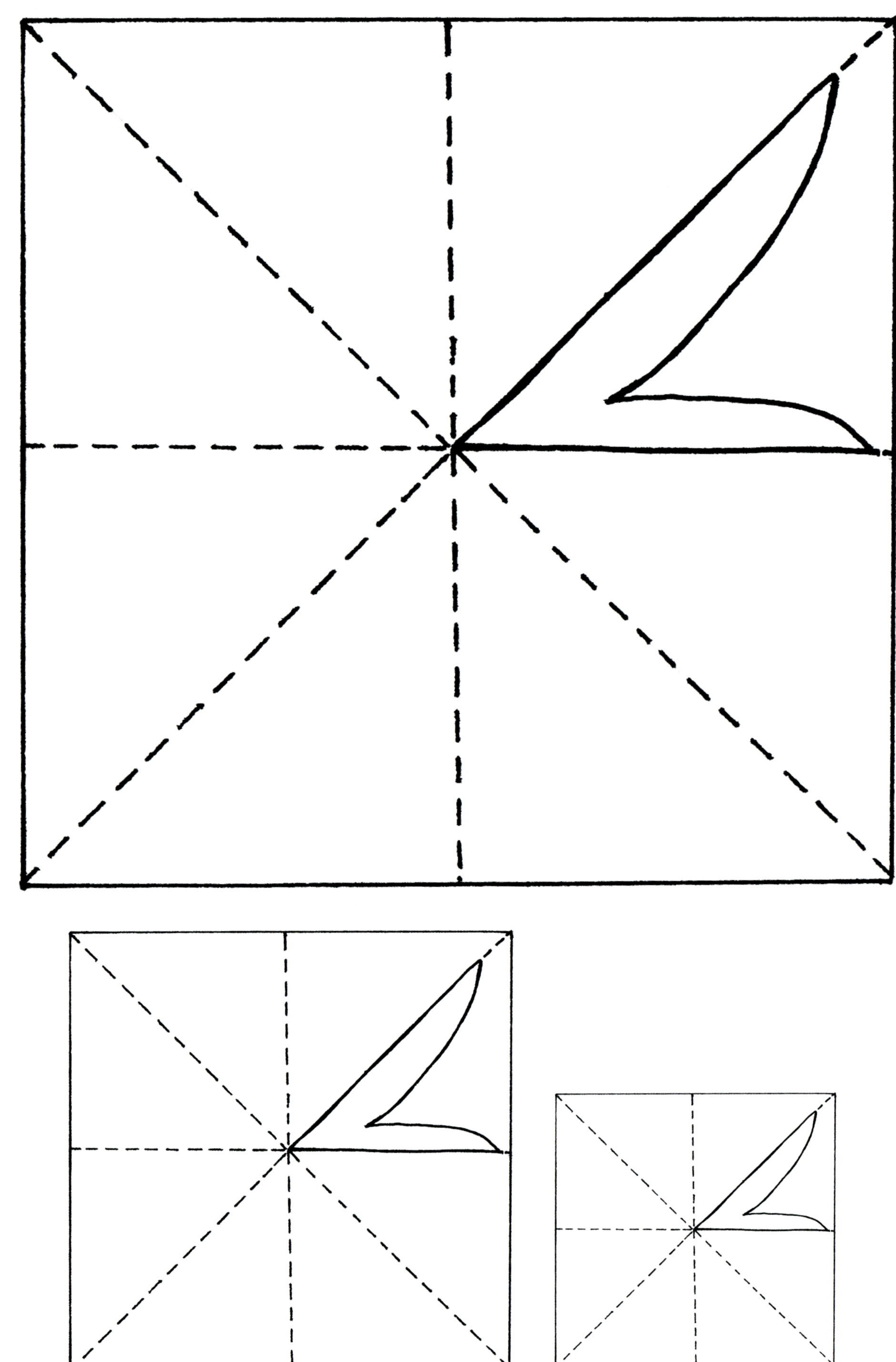

Arbeitsblatt „Digitale Experimente mit Blumenbildern“

Diese Bilder kannst du zum Beispiel mit einem Textverarbeitungsprogramm machen. Suche dir im Internet ein schönes Blumenbild. Wähle einen Ausschnitt und vervierfache das Bild. Spiegel die Elemente mit Hilfe der Zeichentools „Drehen“.

Original

Original

Ein Turm aus Bauklötzen

Sachthemen: Spielsachen, Geometrie (Thema „Körper"), Türme, Bauwerke

Zeit
ca. 4–6 Stunden

Material

Bleistift, Radiergummi, Deckfarben, Zeichenblöcke DIN A3, schwarzer Filzstift, optional Karopapier

Kompetenzen

- geometrische Körper (Würfel) mit grafischen Mitteln räumlich darstellen
- Farben differenzieren durch Aufhellen und Abdunkeln
- Farbtöne und Farbwirkungen gezielt zur Darstellung von Räumlichkeit / Körperformen einsetzen (Licht- und Schattenseiten)
- geeignete Farbkontraste zur Gestaltung des Hintergrundes auswählen

Dieses Bild sieht auf den ersten Blick ganz einfach aus, ist es aber nicht. Bevor Sie nun nicht weiterlesen und dem Bild keine Chance geben, möchte ich sofort nachschieben, dass es mit der richtigen Einführung in das Thema aber doch allen Kindern mühelos gelingt. Einige technische Hilfsmittel und Zeichentricks helfen hier auf zauberhafte Weise. Sehen Sie selbst. Ein großer Vorteil dieses Bildvorhabens ist, dass man keine besonderen Materialien benötigt und nichts ausgeschnitten und geklebt werden muss. Man arbeitet ausschließlich mit einem Blatt Papier, den Deckfarben und einem Bleistift. Das spart Zeit bei der Vorbereitung.

Bildaufbau

1. Grafik: Das vermeintlich „Tüftelige" an diesem Bild ist, mehrere Würfel perspektivisch zu zeichnen. Aber dieses Problem lässt sich mit folgendem Verfahren leicht lösen. Beginnen wir mit dem unteren und zugleich größten Würfel. Wie auf der Fotostrecke abgebildet, beginnt man mit einem Quadrat, das mit einem Bleistift auf das Papier gezeichnet wird. Jüngere Kinder dürfen sich gerne auf Karopapier Quadrat-Schablonen herstellen (18 x 18, 11 x 11 und 6 x 6 Kärtchen). Die fertigen Kunstwerke haben übrigens mehr Charme, wenn man von Anfang an auf Lineale verzichtet. Eine leicht „krumme" Handzeichnung wirkt sehr lebendig. (Auf dem abgebildeten Schülerbeispiel hat sich das Mädel doch auf den letzten Metern verführen lassen, sich nicht an unsere „No-Ruler"-Absprache zu halten.)

Hinter das erste Quadrat wir nun versetzt ein zweites gezeichnet. Die linke Ecke des zweiten Quadrates sollte in der Mitte des ersten Quadrates liegen. Davon ausgehend wird das zweite Quadrat in der gleichen Größe wie das erste gezeichnet. Nun werden nur noch die vier gleichen Ecken (oben links mit oben links, oben rechts mit oben rechts …) miteinander verbunden, fertig ist der erste Würfel. Dieser ist noch transparent und könnte ein Glaswürfel sein. Da unsere Bauklötze aber nicht durchscheinend sind, werden alle Linien, die für einen Betrachter in Frontansicht nicht zu sehen sind, ausradiert.

Schließlich sind nur noch drei Flächen zu sehnen (Würfelseite vorne, rechte Seite teilweise und oben).

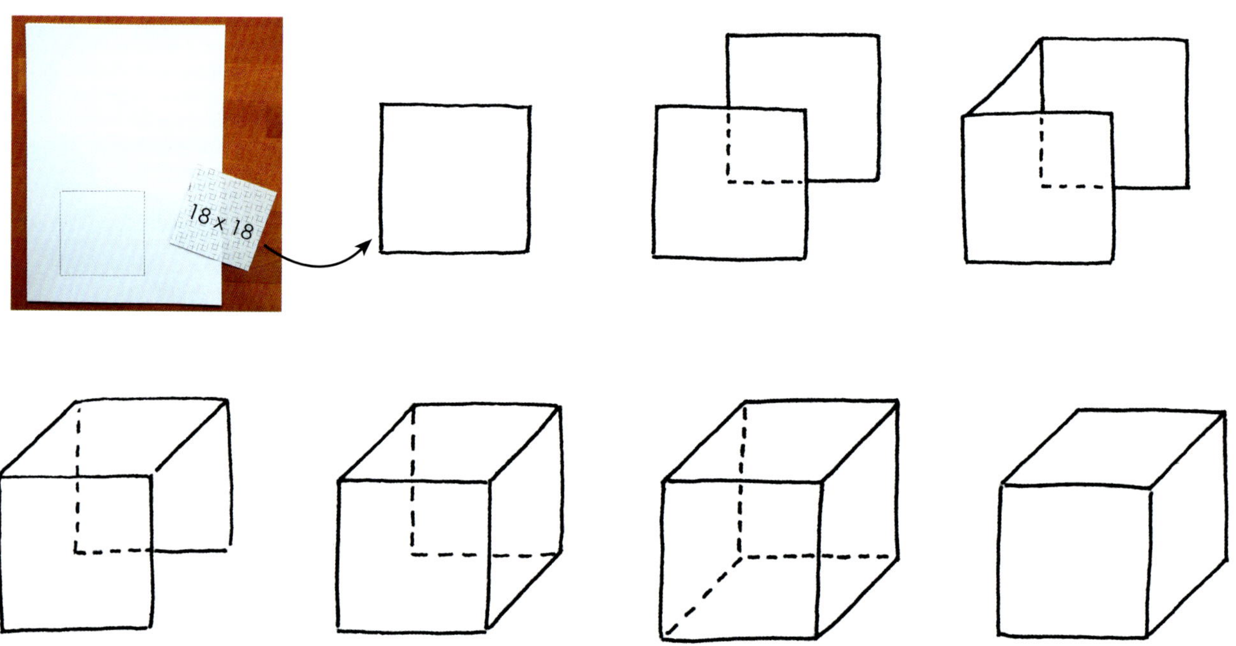

Der zweite etwas kleinere Würfel entsteht auf die gleiche Weise. Das erste Quadrat des zweiten Würfels wird auf die obere Fläche des ersten Würfels gesetzt. Alle weiteren Zeichenschritte sind unverändert. Ist der zweite Würfel fertig, müssen nun auch noch die verdeckten Linien des ersten Würfel wegradiert werden. Nun sieht es so aus, als ob die beiden Würfel aufeinandergetürmt wurden.

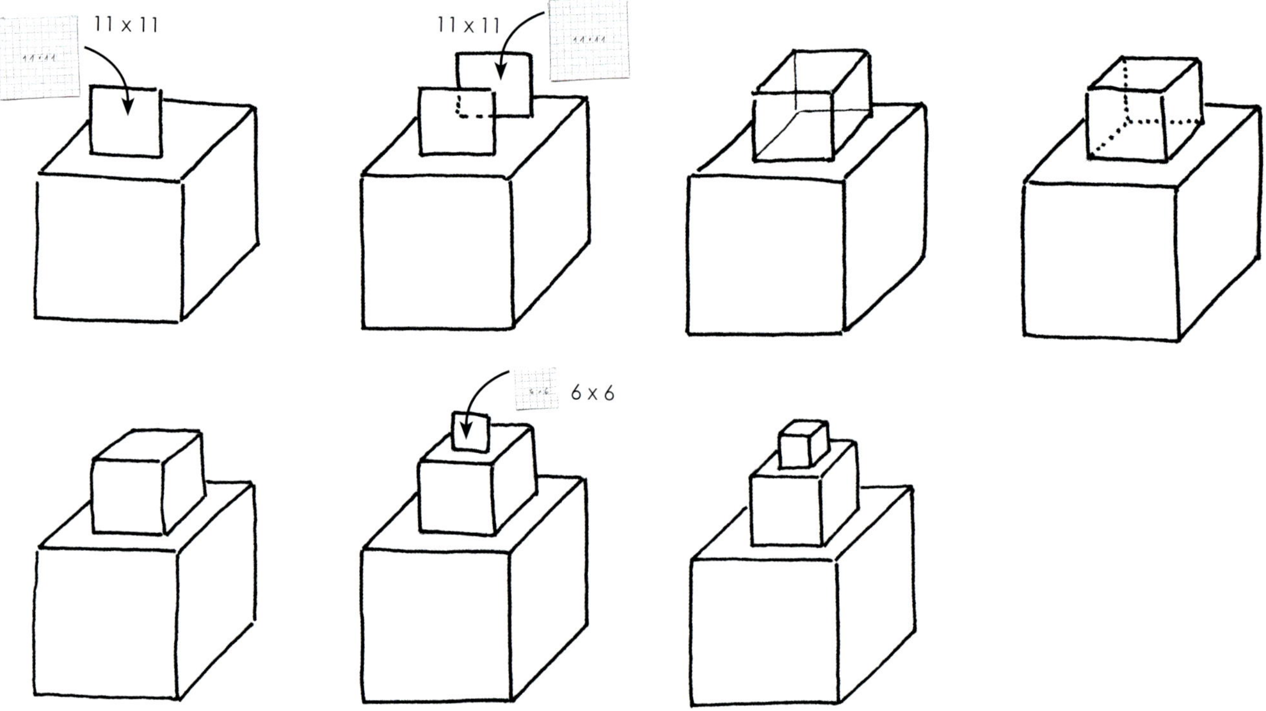

Je nach Platz auf dem Papier und der Experimentierfreudigkeit des Künstlers können nun noch weitere Bauklötze folgen.

Schülerarbeiten

2. Deckfarben: Jetzt kommt die Farbe ins Spiel. Der perspektivische Effekt der Malerei wird nun noch einmal durch die Farbgebung verstärkt.

An dieser Stelle verteile ich in den „ungeübten“ Klassen etwas Schmierpapier und lasse die Kinder Farbdifferenzierungsübungen machen: Sie dürfen ihre Lieblingsfarbe auswählen und sollen diese in drei Qualitäten nebeneinander malen:

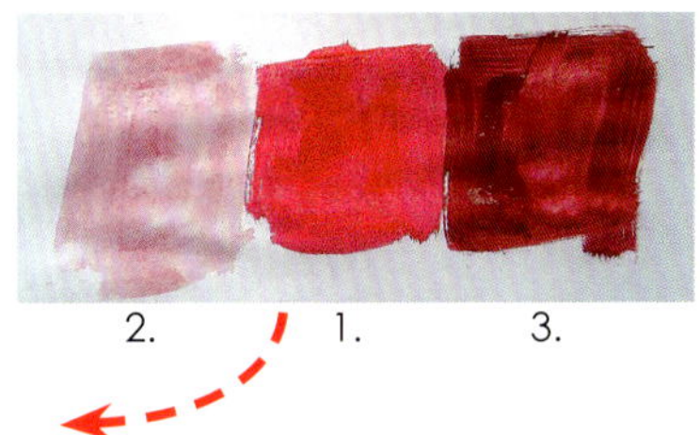

1. Als normale, gut angerührte Farbe in das mittlere Feld,
2. als aufgehellte Farbe in das linke Feld (z. B. mit einem anderen Wasser-Farb-Verhältnis oder durch Aufhellung mit Weiß) und
3. als abgedunkelte Farbe (z. B. mit etwas (!) Braun oder Schwarz – Schwarz nehme ich nur für das Abdunkeln von Violett und Blau) in das rechte Feld.

Je nach Zeit, Erfolg oder Schwierigkeiten können die Schüler die Übung mit anderen Farben wiederholen. Besonders gründlich können Sie diese Vorübung mittels der Kopiervorlage „Farbkreis mit Farbabstufung“ auf Seite 27 ausführen. Diese eignet sich aber auch sehr gut als Zusatzaufgabe für schnellere Schüler.

Nun nehmen sich die Kinder wieder ihre Kunstwerke vor. Für jeden Würfel wählen sie eine Farbe. Die Frontansicht des Würfels wird mit der ungemischten, reinen Farbe eingefärbt, die obere Seite mit der aufgehellten Farbe und die rechte Seite mit dem dunklen Farbton. Nun sieht es so aus, als ob ein helles Licht von seitlich-oben auf den Würfel fällt. Alle weiteren Würfel werden auf dieselbe Weise ausgemalt.

Ob Sie für die Farben eine Vorgabe machen oder nicht, ist beliebig. In einer Gruppenausstellung wirken Bildergruppen besonders schön, wenn man sich etwas abstimmt, zum Beispiel Verwendung der Grundfarben (Rot, Gelb, Blau) oder Verwendung von Grund- und Mischfarben erster Ordnung (Rot, Orange, Gelb, Grün, Blau, Violett) oder Sommerfarben (Orange, Rot, Pink, Gelb) oder Wasserfarben (Blau, Grün, Violett) oder Grautöne oder … Mit älteren Klassen kann man auch vereinbaren, nur eine Farbe (Rot) für die Bauklötze zu wählen, diese zu differenzieren (Orangerot, Weinrot, Signalrot etc.) und dann für den Schatteneffekt nochmals abzutönen (Hellorangerot – Orangerot – Dunkelorangerot, Hellweinrot – Weinrot – Dunkelweinrot, Hellsignalrot – Signalrot – Dunkelsignalrot).

Hintergrund: Für den Hintergrund empfehlen sich Kontrastfarben. Bei einer Gruppenausstellung kann man sich auch auf eine Farbgruppe einigen, zum Beispiel Gelb-Orangetöne oder Gelb-Grüntöne. Helle Hintergründe lassen die Bilder fröhlicher und freundlicher wirken.
Haben Sie mit älteren Kindern die Bauklötze in einer Farbfamilie färben lassen, kann man für den Hintergrund eine Farbe aus derselben Familie wählen (das wirkt sehr elegant). Es sollte dann aber nur ein Hauch Farbe mit viel Wasser gemischt werden, damit in einem Hell-Dunkel-Kontrast das Motiv gut zur Geltung kommt. Alternativ lässt sich aber auch die Kontrastfarbe wählen. Hierfür lohnt ein Blick auf den Ittenschen Farbkreis (s. S. 2).

Schülerarbeit

Für den Hintergrund kann die gewählte Farbe noch etwas gemischt werden.
Auf dem Bildbeispiel sieht man, dass die Schülerin in der unteren Bildhälfte ein dunkleres Grün als in der oberen Bildhälfte verwendet hat. Auf diese Weise wird die plastische Wirkung des Bildes ein drittes Mal verstärkt.
Eine gleichmäßige Pinselführung von links nach rechts sorgt für einen ruhigen Hintergrund.

Fertigstellung: Ich finde die Türme so, wie sie sind, schon klasse. Möchte man aber noch mehr Wirkung erzielen, kann man mit einem schwarzen Filzstift die Farbfeldränder nachziehen. Die drei Bildbeispiele zeigen die Arbeiten von Schülern, die in einen „Grafikrausch“ gefallen sind. Geschmacksache, aber kreativ.

Schülerarbeiten

Reflektion

Folgende Fragestellungen können Ihnen bei einer Nachbesprechung mit den Kindern und der Beurteilung der Werke behilflich sein:

- Wurden die einzelnen Würfel gleichmäßig und perspektivisch gezeichnet?
- Wie gut gelang das Stapeln der Würfel?
- Welche Farben wurden gewählt?
- Wie wurden die einzelnen Farben abgetönt? Ist der Farbunterschied gut zu erkennen?
- Wie wurde der Hintergrund angelegt (Farbwahl, Farbmischung, Pinselführung)?
- Wie ist die Gesamtwirkung? Wurde ausdauernd und sauber gearbeitet?

Differenzierung für schnell arbeitende Schülerinnen und Schüler

Eine ähnliche und interessante Grafikaufgabe ist das Zeichnen von Flechtbändern (s. Fotostrecke und die Kopiervorlage „Kordelmacher" S. 26). Farbig ausgestaltet wirken sie sehr eindrucksvoll.

Auch ein Quader-, Zylinder- oder Pyramidenstapel wäre eine tolle Herausforderung für leistungsstarke, schnellere Kinder.

Sollten Sie zu diesem Zeitpunkt noch keinen Gebrauch von der Kopiervorlage „Farbabstufung" auf Seite 27 gemacht haben, lege ich es Ihnen jetzt als tolle Zusatzaufgabe ans Herz. Die Kinder sollen, wie oben beschrieben (s. S. 23), verschiedene Qualitäten einer Farbe finden. Dies können Mischfarben sein oder Helligkeitsabstufungen, die man durch Mischen mit Weiß oder viel Wasser und durch Braun oder Schwarz erhält.

Übertragung des Projektthemas auf andere Gestaltungsbereiche

Grafisches Gestalten	Flechtbänder (s. 26), Knoten, andere geometrische Körper wie zum Beispiel Pyramiden
Räumliches Gestalten	Mit mitgebrachten Bauklötzen aus dem Kinderzimmer lassen sich fantasievolle Türme und Bauwerke gestalten. Aber auch Schachteln und Kartons würden geeignete Baumaterialien hergeben. Aus Quadern lassen sich geschickt getürmt Bogen(-brücken) bauen.
Szenisches Gestalten	Bauwerke als Menschengruppe darstellen: Brücken, Türme, Häuser, Kirchen, Säulen etc. mit drei bis fünf Personen darstellen. Aufgabe: „Stellt mit fünf Kindern eine Pyramide dar." „Kann man mit drei Kindern eine Brücke darstellen?"
Medien	Im Internet kann man nach Beispielen für Baukunst suchen. Besondere Brücken und Türme könnten im Mittelpunkt stehen. Wer Zugang zu Malprogrammen hat, kann die Bildaufgabe „Turm aus Würfeln" auch am PC durchführen lassen.
Textiles Gestalten	Applikationen mit je drei Stoffteilen ergeben eine Würfeldarstellung. Mit Filz, Nadel und Faden kann so eine Textilcollage entstehen. Schauen Sie mal im Internet bei den Quilt- und Patchworkkünstlern vorbei. Deren Arbeit beruht auf einem ähnlichen Prinzip.
Objekte Bildbetrachtung	Pieter Bruegels „Großer Turmbau zu Babel" (1563) schafft mit seinem Gemälde Gelegenheit, eine biblische Geschichte aus dem Alten Testament in den Kunstunterricht aufzunehmen. Diese faszinierende Geschichte, die den niederländischen Künstler zu seinem Bild inspiriert hat, finden Sie zum Beispiel unter: *www.derkindergottesdienst.de/geschichten/01turmbauzubabel.htm*

Kopiervorlage „Kordelmacher“

Gestalte deine eigenen Flechtbänder

Vervollständige die Kordel und male sie aus. Versuche dann, eigene Kordeln zu zeichnen. Kannst du sie verändern: dicker – dünner – länger – kürzer – mit Perlen …?

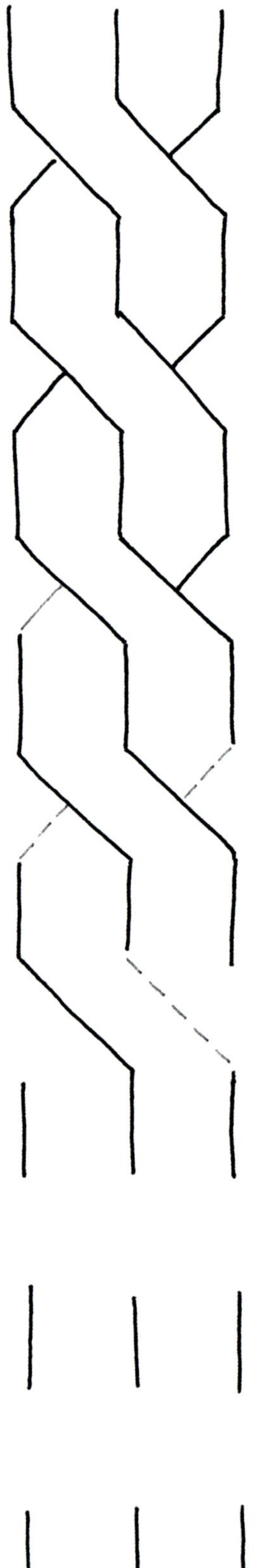

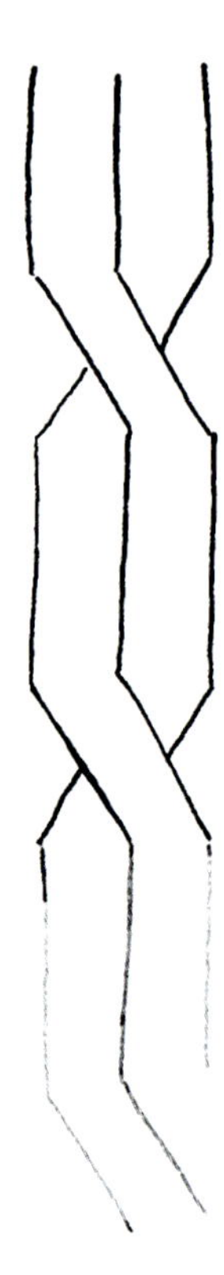

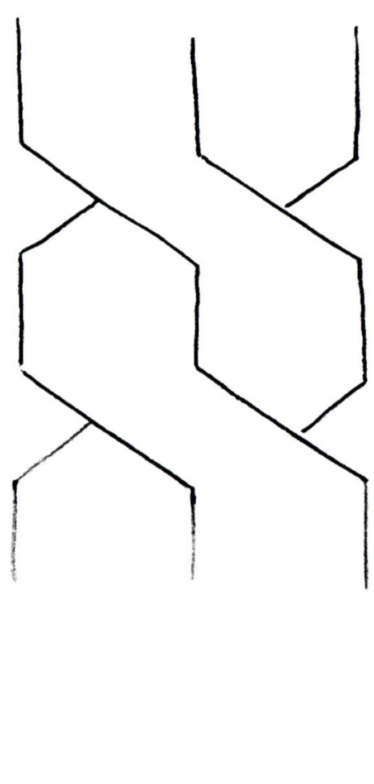

Kopiervorlage „Farbqualitäten verändern“

Farbqualitäten verändern

1. Färbe den **mittleren Ring** mit den Farbnamen wie angegeben. Verwende die Farben so, wie sie im Farbkasten aussehen. Rühre sie gründlich an.
2. In den **Innenkreis** malst du die jeweils zuvor ausgesuchten Farben, hellst sie aber mit Wasser deutlich auf.
3. Für den **Außenkreis** dunkelst du die Farben aus dem Mittelring mit etwas Braun ab.

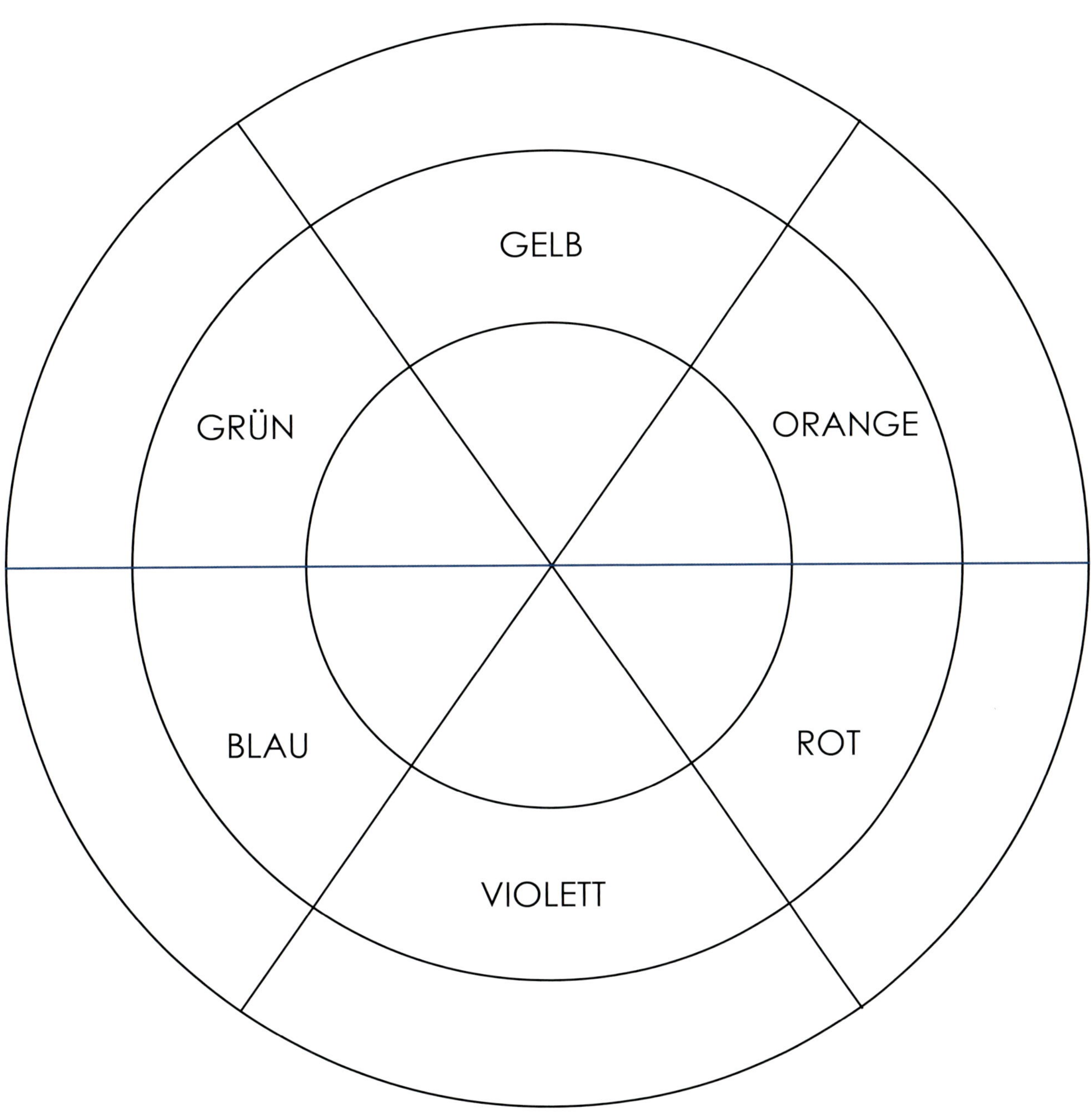

Robi Roboter

Zeit
ca. 3–4 Stunden

Sachthemen: Technik, Erfindungen, Computer, Medien

Material

Deckfarben, Zeichenblöcke DIN A3, kleine Schachteln, Schrauben und weiteres glänzendes Material, Flüssigklebstoff

Kompetenzen

- gleichmäßiger Farbauftrag und gezieltes Verändern / Abdunkeln der blauen Hintergrundfarbe
- einen Körper (Roboter) aus geometrischen Grundkörpern gestalten
- Aluhüllen für die verwendeten Grundkörper schaffen
- Figur mittels verschiedener Materialien ausdifferenzieren und dazu verschiedene Materialverbindungsmöglichkeiten erproben (kleben, stecken, (an-)knoten etc.)

Dieser kleine Kerl wird das Herz Ihrer Kinder und das Ihre höher schlagen lassen. Nicht allein, weil er einen gewissen „Charme“ versprüht, sondern weil er kinderleicht zu gestalten ist, die Arbeit des Lehrers somit bemerkenswert erleichtert. Im Vorfeld (am besten eine Woche vorher) beauftragen Sie die Kinder, kleine Schachteln, Schrauben, Glanzpapier, Perlen und alles, was silbern glänzt, von zu Hause mitzubringen.
Also – worauf warten wir noch?

Bildaufbau

Schülerarbeit

1. Hintergrund: Da der Hintergrund etwas Zeit zum Trocknen benötigt, empfiehlt es sich, mit diesem zu beginnen. Um einen ruhigen und professionellen Farbverlauf zu erreichen, feuchtet man das Zeichenblockpapier vor dem Einfärben an. Dafür kann man einen Schwamm, einen sauberen Pinsel oder Handtuchpapier verwenden. Die kräftig angerührte blaue Farbe wird nun mit gleichmäßigen Pinselstrichen von rechts nach links auf das Papier gestrichen. Um mehr Plastizität und räumliche „Tiefe“ zu erzeugen, können die kleinen Künstler etwas Schwarz an einige Stellen des noch nassen(!) Blaus geben. Fertig. Trocknen lassen.

2. Roboter: Für den kleinen „Stromfresser“ werden nun die mitgebrachten Schachteln in Alufolie gewickelt. Alle Befestigungen rund um den Roboter sollten ausschließlich mit Flüssigklebstoff ausgeführt werden, da man eine sehr gute Klebkraft benötigt. Jüngeren Kindern würde ich vorführen, wie man Schachteln (ähnlich einem Geschenk) einpackt. Die Roboterteile werden anschließend auf dem trockenen Hintergrundpapier festgeklebt und wachsen auf diese Weise zusammen. Für die Ausgestaltung darf nun alles herhalten, was dem Zwecke dient und sich irgendwie befestigen lässt: Schrauben können zu Augen oder Knöpfen werden. Alufolie wird zu Würstchen und anschließend um einen Bleistift zu einer Spirale gedreht und dient zum Beispiel als Antenne. Umwickelte

Korken können zu Rädern werden etc. Lassen Sie die Kinder experimentieren und fördern Sie jede kreative Eingebung, egal, wie verrückt die Objekte schließlich werden. Lässt man hier den Spaß am kreativen Tun unabhängig vom Ergebnis nicht zu, vergibt man eine kostbare Chance, Kinder für den Kunstunterricht zu begeistern. Einzig das Befestigungsproblem kann bisweilen die ein oder andere Idee zerschlagen. Nicht jede dicke Schraube lässt sich ankleben. Ich erwarte aber von den Kindern, dass sie nicht allzu schnell eine Idee verwerfen und einige Befestigungsalternativen probiert haben, zum Beispiel ein Teil mit Blumendraht anbinden etc.
Auf passende Passepartouts geklebt wirkt die stahlblaue „Cyber"-Armee an Schulwänden wie ein Augenmagnet.

Schülerarbeit

Reflektion

Folgende Fragestellungen können Ihnen bei einer Nachbesprechung mit den Kindern und der Beurteilung der Werke behilflich sein:

- Wie wurde die Hintergrundfarbe aufgetragen (Pinselführung)?
- Wie wurde die blaue Farbe gemischt (fließende Farbübergänge)?
- Welche Ideen (besonders bei der Ausdifferenzierung) wurden für den Roboter in die Gestaltung eingebracht?
- Welche Lösungen wurden für Materialverbindungsprobleme gefunden? Wurde sauber gearbeitet?

Schülerarbeit

Differenzierung für schnell arbeitende Schülerinnen und Schüler

Da Sie die Alufolie nun schon herangeschafft haben, können Sie die verbliebenen Reste noch toll für folgende Gestaltungsaufgabe nutzen:
Lassen Sie die Kinder mit den Möglichkeiten des Materials experimentieren und lustige Skulpturen formen. Zum Beispiel kann man aus Aluwürsten „Bewegungsmännchen" biegen.

Übertragung des Projektthemas auf andere Gestaltungsbereiche

Grafisches Gestalten	Roboter, Maschine oder Erfindung bieten sich für tolle Zeichenübungen an. Auch das angehängte Arbeitsblatt „Pixel-Roboter“ (s. S. 32) lässt sich nutzen, um herauszufinden, was eine grafische Quadratfläche hergibt.
Räumliches Gestalten	Projekt s. „Robi Roboter“
Szenisches Gestalten	Aus Kartons kann man verrückte Roboterkostüme basteln und / oder sich zu einem Roboterlied bewegen (z. B. „Gehen wie ein Roboter“, zu sehen unter *www.youtube.com/watch?v=cvAo94hpFkw)*
Medien	Werkzeuge (z. B. Schrauben, Nägel) aus zwei Perspektiven fotografieren und als Memo-Spiel einsetzen oder Bild-Wort-Paare bilden. **Mutter**
Textiles Gestalten	Probieren Sie einmal: Roboter aus glänzenden Stoffen auf einen blauen Filz kleben, nähen, sticken oder applizieren.
Objekte Bildbetrachtung	Einige Figuren von Miró wirken wie aus Farbfelderbausteinen „zusammengebaut“ und könnten auch fast Roboter sein. Schauen Sie sich im Internet doch einmal folgende Bilder an: „Imaginärer Junge“ (undatiert) „Zufriedene Katze“ (1975)

Schülerarbeiten

Arbeitsblatt „Pixel-Roboter“

Gestalte einen Pixel-Roboter!

Färbe die einzelnen Kästchen so ein, dass ein toller Maschinenmann entsteht.
Was kann dein Pixelroboter Besonderes?

Rumpelstilzchen

Sachthemen: Märchen, Bücher, Lesezeit, Feuer

Zeit
ca. 4 Stunden

Material

Deckfarben, Zeichenblöcke DIN A3, schwarzes Tonpapier, Schere, Klebstoff

Kompetenzen

- Begriffe „Warme Farben“ und „Kalte Farben“ kennenlernen
- Farbkontraste „Warm-Kalt“ und „Hell-Dunkel“ bewusst einsetzen
- Farbdifferenzierung und Farbmischen im „Gelb-Orange-Rot“-Bereich erproben
- Figur-Grund anlegen
- Fläche durch farbiges Gestalten gliedern
- bewegtes Motiv (tanzendes Rumpelstilzchen) mit grafischen Mitteln (Umrisslinie) darstellen
- Motiv anordnen und in Bezug zum Hintergrund (Feuer) setzen

Märchenzeit, wie herrlich! Mit Märchen verbinden wir meistens gemütliche Vorlesestunden, am besten bei gruseligem Wetter kuschelig auf dem Sofa. Dieses emotionale Geschenk bietet sich für den Deutsch- und Kunstunterricht auf dem Silbertablett an. Lassen Sie es nicht ungenutzt vorbeiziehen.

Das Märchen „Rumpelstilzchen“ kennen viele Kinder. Im Rahmen des Deutschunterrichtes schaffe ich eine Vorleseatmosphäre auf dem Klassenteppich (oder drei Wolldecken). Die Kinder können ihre Köpfe auf ihren eingerollten Jacken gemütlich ablegen, entspannen, zuhören und genießen. Der Kunstunterricht greift dann nur noch „ab“ und kann direkt mit der Bildaufgabe einsteigen. Dargestellt wird die Schlüsselszene: Rumpelstilzchen tanzt vor dem Feuer, freut sich auf seine ungeheuerliche Belohnung und singt:

„Heute back ich, morgen brau ich, übermorgen hole ich der Königin ihr Kind.
Ach, wie gut, dass niemand weiß, dass ich Rumpelstilzchen heiß!“

Im Mittelpunkt dieses Projektes steht der Hintergrund, das zum Himmel emporsteigende Feuer in dunkler Nacht. Hier wird auf unkomplizierte Art und Weise mit zwei Farbfamilien gespielt: Für das Feuer mischen wir uns quer durch die Gelb-Orange-Rot-Palette. Für den Nachthimmel reizen wir die Möglichkeiten der Farbe Blau aus.
Es bietet sich an, über Farben und Farbkontraste zu sprechen. Was verbinden die Kinder mit dem Wort „warm“? Welche Farben würden sie diesen Dingen zuordnen. Was können „warme Farben“ sein? Am Ittenschen Farbkreis (S. 3) sieht man schön, dass diese Farben zusammenliegen und also „Nachbarfarben“ sind. Wie sieht es mit dem Gegenteil, mit dem Wort „kalt“ aus? Blau, Violett, Dunkelgrün stehen zusammen für die „Wasserfarben“ oder auch die „kalten Farben“.
Stellen Sie die Farbbereiche gegenüber und machen noch rasch einen kleinen Abstecher ins Thema Kontrastfarben (z. B. Blau-Orange-Kontrast) und Hell-Dunkel-Kontrast. Nähere Informationen dazu finden Sie auf Seite 2.

Bildaufbau

1. **Hintergrund:** Der Zeichenblock liegt hochkant vor den Kindern. Wir beginnen mit der Standlinie. Rumpelstilzchen befindet sich im Wald. Der Waldboden besteht aus Moos und kleinen Waldpflanzen. Es ist Nacht. Alle Farben wirken dunkel. In der Mitte der Waldlichtung liegt ein Stapel Holz. Aus ihm lodert das Feuer. Mit dem dicken Borstenpinsel entsteht mit ein paar Strichen ein Holzhalbkreis. Um die Holzscheite noch etwas plastischer erscheinen zu lassen, kann man die Farbe braun stellenweise aufhellen und abdunkeln. Dafür eignen sich die Farben gelb und schwarz. Wo genau das Holz aufgehellt und abgedunkelt erscheint, ist egal. Der Effekt tritt auf jeden Fall ein.

Nun kommt die Wiese oder der Waldboden an die Reihe. Er nimmt ungefähr ein Drittel des Blattes ein. Man beginnt mit einem hellen Grün und pinselt in dieses einige dunklere Grüntöne.

Wiese und Holzscheite sind angerichtet und geben den Rahmen vor für das lodernde Feuer, das sich in den Himmel schraubt. Mit dem nassen Pinsel skizzieren die Kinder formatfüllend die Umrisse des Feuers auf das Blatt. Große Formate fallen den Kindern meist schwer. Deshalb weise ich darauf besonders hin. Jüngeren Kindern und ungeübten Klassen zeichne ich die Formfindung auf einem DIN-A3-Blatt oder an der Tafel vor. Mit schwungvollen Linien entsteht der Umriss des Feuers.

Am einfachsten ist es nun für die Kinder, die Feuerinnenfläche mit gelber Wasserfarbe auszumalen. Der Pinsel sollte möglichst sauber sein, damit das Gelb auch richtig leuchtet. Anschließend werden in das noch nasse Gelb Orange- und Rottöne gemischt. Nass-in-Nass mischen sich die Farben zu vielen neuen Orange-Rottönen. Geübte Maler können die Flackerbewegungen des Feuers beim Auftragen der Orange- und Rottöne nachempfinden. Schwungvolle Bewegungen von unten nach oben erzeugen diesen Effekt. Lassen Sie die Kinder hier aber ruhig ihr experimentelles Tun genießen und „andere Wege" gehen. Der Gesamtwirkung der Bilder in der Gemeinschaftsausstellung tut dies keinen Abbruch. Die Bilder entfalten ihre Wirkung aufgrund der leuchtenden Gelb-Orange-Rottöne.

Für den weiteren Hintergrund benötigen die Kinder ein dunkles Blau. Damit sich dieses nicht in die leuchtenden Orangetöne mischt, halten sie etwas Abstand zur Feuerfläche. Das hat den herrlichen Nebeneffekt, dass dadurch noch eine natürliche Weißfläche um das Feuer entsteht, die das Feuer besonders gleißend heiß erscheinen lässt. Auf das noch nasse Blau kann nun noch etwas magisches Violett an die äußeren Bildränder gemischt werden. In der Nähe des Feuers kann mit Hellblau oder einfach nur mit sauberem Wasser das Dunkelblau aufgehellt werden. Das Feuer erhellt dadurch die finstere Märchennacht. Auch hier ist es nicht schlimm, wenn die Kinder die Farbstellen anders verteilen. Durch den Blaumix im Hintergrund bekommt das Bild automatisch mehr Tiefe und wirkt fantastisch. Für geübte Maler empfehle ich, sich noch einmal mit der Pinselführung auseinanderzusetzen. Waagerechte Pinselführung von links nach rechts lässt den Hintergrund natürlicher anmuten, als freies Farbstreichen. Aber auch das verschafft dem Bild auf seine Weise eine Portion Dramatik.

2. Motiv: Für das Rumpelstilzchen haben Sie nun zwei Möglichkeiten. Diese hängen vom Alter der Kinder (oder Ihren Nerven) ab:

- Entweder nutzen Sie die Kopiervorlage in der Anlage (s. S. 39) und lassen sie auf schwarzes Tonpapier kleben und ausschneiden. Mit der schwarzen Seite nach oben wird das Männlein auf das Bild geklebt.
- Oder Sie lassen die Kinder das Männlein frei gestalten. In der Vorbesprechung sollten dann pantomimisch Tanzbewegungen studiert werden. Ferner sollten Sie ein Handmaß für die Größe der Figur vereinbaren, zum Beispiel handgroß. Wenn sie dies nicht machen, könnten die Figuren schnell zu klein werden. Auch die vorgezeichneten Figuren, die nur durch ihre Umrisslinie als Rumpelstilzchen zu erkennen sind, werden aus schwarzem Tonpapier ausgeschnitten und aufgeklebt.

Präsentieren: Diese Kunstwerke wirken besonders gut, wenn sie nach der Fertigstellung auf ein schwarzes (oder gelbes) Tonpapier-Passepartout geklebt werden. Der Rahmen passt zum Motiv und lässt auch das dunkle Blau leuchten. Die Schülerbeispiele unten wurden noch durch ein paar Grafikelemente (Filzstiftmotive) ergänzt.

Reflektion

Folgende Fragestellungen können Ihnen bei einer Nachbesprechung mit den Kindern und der Beurteilung der Werke behilflich sein:

Schülerarbeiten

- Wie wurden die einzelnen Hintergrundelemente angelegt? Passt die Größe der Elemente zu der der anderen? Wurden die Farbflächen farblich differenziert?
- Wie wurde das Rumpelstilzchen gestaltet? Ist die Form als eben diese Figur zu erkennen? Wie gut wurde die Bewegung der Figur gestaltet? Welche Formelemente erzeugen den Eindruck von Bewegung?
- Wie ist der Gesamteindruck? Wurde ausdauernd und sauber gearbeitet? Wurde das Motiv genau ausgeschnitten?

Differenzierung für schnell arbeitende Schülerinnen und Schüler

Nach so viel Farbmatschen und Schnibbeln hat sich der Kunstlehrer eine ruhige und entspannende Zusatzaufgabe (s. S. 40) verdient. Wir bleiben inhaltlich bei den Märchen. Ein Zauberteppich soll grafisch gestaltet werden. Nur die kostbarsten und märchenhaftesten Muster dürfen auf solch einen Teppich. Schließlich soll er ja fliegen können, wenn er fertig ist!

Übertragung des Projektthemas auf andere Gestaltungsbereiche

Grafisches Gestalten	siehe Zusatzaufgabe Seite 40
Räumliches Gestalten	Passend zum vorangegangenen Gestaltungsbereich können die Kinder mit vorhandenen Mitteln eine kleine Theaterbühne improvisieren und den Klassenraum zum Märchenraum umgestalten.
Szenisches Gestalten	In vielen Lesebüchern gibt es kleine Spielszenen zu Märchen. Aber man kann sich auch selbst etwas ausdenken. Das Märchen vom Rumpelstilzchen kann mit wenigen Requisiten gespielt werden. Besonders die Schlüsselszene am Feuer macht großen Spaß.
Medien	Wie wäre es mit einer Bücherausstellung zum Thema „Märchen“. Diese könnte ergänzt werden mit CDs und einem Plakat mit Internetadressen passend zum Thema. Auf *www.youtube.de* findet man zudem kleine Märchenfilme. Ältere Kinder können im Internet über das Leben im Mittelalter recherchieren.
Textiles Gestalten	Aus Filz- oder Stoffresten in warmen Farben lässt sich ein tolles Windlicht in Feueroptik nähen. Ein Stoffstück, das zum Beispiel ein Marmeladenglas umhüllt, wird mit vielen kleinen Stoffstücken (Feuerzungen) bestickt. An der Seite zusammengenäht kann es dann über das Glas gestülpt werden. Kerze rein, fertig!
Objekte Bildbetrachtung	Giuseppe Arcimboldos „Das Feuer“ (1566) zeigt eine „brennende“ Figur gestaltet aus Dingen, die zum Feuer gehören (Zunder, Kerzen, Feuerstein, aber auch Pistolen). Die Kinder könnten es ihm gleichtun und aus alten Zeitungen und Zeitschriften „Feuersachen“ oder Feuerfarben ausschneiden und zu einer Figur zusammenkleben. Diese würde ihr eigenes Märchen erzählen können. Nicht zu übersehen ist auch die Farbgestaltung des Kunstwerkes von Arcimboldo im „Hell-Dunkel-Kontrast“.

Schablone für „Rumpelstilzchen“

Kopiervorlage „Zauberteppich“

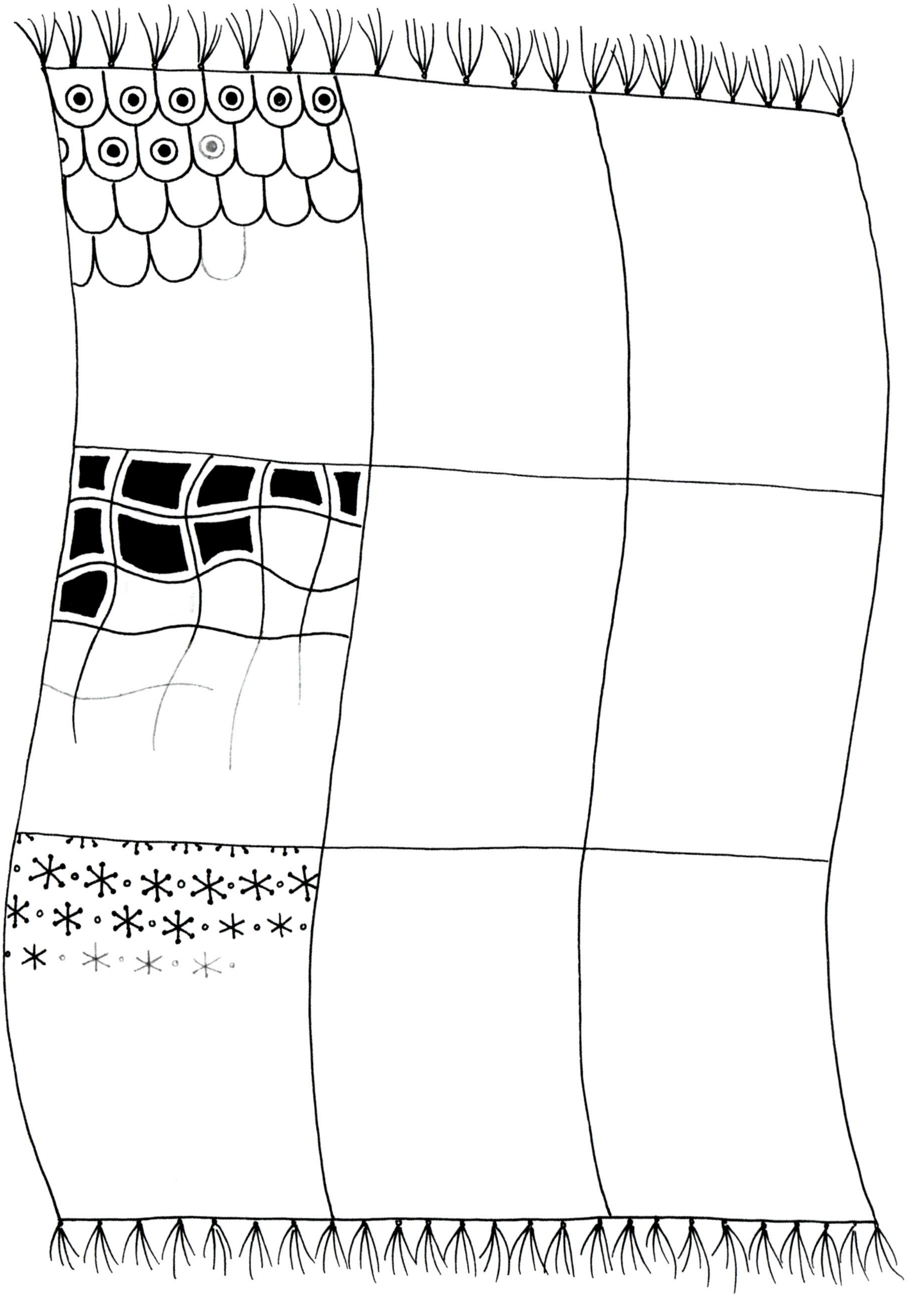

BVK • Doris Krebs: Kunstprojekte zur Klassenraumgestaltung, Band 3: Sachthemen quer durchs Jahr

Apfel

Sachthemen: Apfel, Obst, Herbst / Frühling, Ernährung, Garten, Natur, (Apfel-)Jahr

Zeit
ca. 4–6 Stunden

Material

Pappteller oder fester, runder Karton, dicke weiße Wolle (ca. 15 g / Schüler), Deckfarben, Zeichenblöcke DIN A3, Flüssigklebstoff

Kompetenzen

- textile Technik (Weben) erproben und gezielt zur Form- und Motivgestaltung verwenden
- sich mit technischen Problemen wie zum Beispiel „Kettfaden spannen", „erste Webrunde beginnen", „Fadenanknüpfen", „Endfaden sichern" auseinandersetzen und Lösungen erproben
- Formen für Baum, Ast, Blätter mit grafischen Mitteln finden
- Farben gezielt für das Hintergrundmotiv „Ast am Baum" einsetzen
- Farben für Baum / Ast und Blätter differenzieren, zum Beispiel durch Mischen, Aufhellen oder Abdunkeln (Braun- und Gründifferenzierung)

Bei der Suche nach einer frischen, neuen Idee für meinen Textilunterricht bin ich im Internet auf einen gewebten Apfel gestoßen. Dieser war so simpel (aber dennoch effektvoll), dass ich mir um ihn herum ein Kunstprojekt überlegt habe, mit dem ich etwas Schönes für unsere Klassenwände gestalten konnte. Gleichzeitig sollte auch einmal wieder der Lernbereich „Textilgestaltung" aus seinem Schattendasein herausgeholt werden. Textile Objekte müssen nicht als Staubfänger im Regal versauern. Man kann sie mit einfachen Mitteln in Szene setzen und als Kunstwerke aufhängen und würdigen.

Bildaufbau

1. **Apfel:** Je nach zur Verfügung stehender Zeit kann man mit dem Motiv (Apfel) oder dem Hintergrund (Baum, Blüten) beginnen. Es gibt so viele einzelne Teilschritte, dass man sie als Klassenlehrer sehr flexibel im Unterricht einsetzen kann. Einige Aufgaben eignen sich gut als selbstständige Arbeit zum Beispiel im Anschluss an die Erledigung des Wochenplanes.

   Für den Apfel habe ich im Internet rote Pappteller gekauft (20 Stück kosten ca. 3,49 €). Hat man noch weiße Pappteller im Vorratsschrank, kann man auch diese nutzen und lässt sie mit Wasserfarben in Rottönen einfärben. Die Schablone (s. S. 48) wird auf den Teller gelegt und die Einkerbungen für den Kettfaden übertragen. Ich habe es mir in diesem Fall sehr einfach gemacht und die Schablone für alle Kinder kopiert und sie von den Kindern ausschneiden lassen.

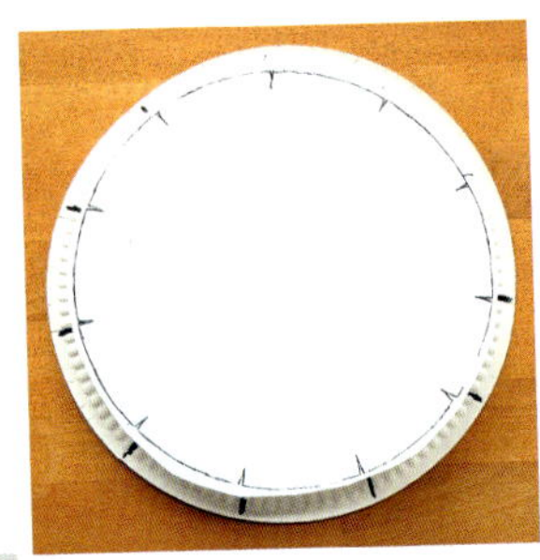

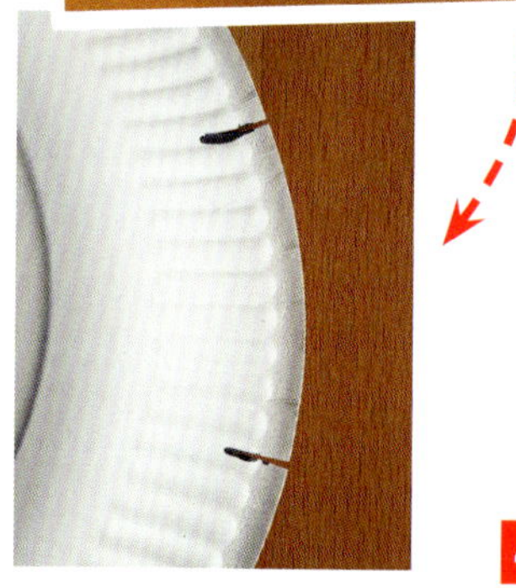

   Um anfangs einen Materialabholstau zu vermeiden, habe ich für die Kinder jeweils ein erstes Wollknäuel aufgewickelt. Den Wollnachschub kann sich jeder dann später selbst ab- und wieder aufwickeln. Etwas einfacher hat man es, wenn man den Faden von innen aus dem gekauften Wollknäuel führt. Dann springt das Knäuel beim Abwickeln nicht durch die Klasse.

Der Anfang des Fadens wird mit einem Stück Klebestreifen auf der Rückseite des Papptellers befestigt. Nun wickelt man – wie auf der Bilderfolge zu sehen – den Faden um den Pappteller, bis ein fertiges „Spinnennetz" zum Weben entstanden ist. Das Fadenende sollte nun nicht abgeschnitten, sondern direkt als „Schussfaden" (als Faden, der nun zusammen mit dem Kettfaden das Gewebe bildet) verwendet werden. Es hilft, wenn man in der Mitte der großen „Kettfäden-Kreuzung" einen Knoten anbringt, um die Mitte etwas zu fixieren.

Nun wird in gleichmäßigen „Auf- und Niederbewegungen" der Schussfaden von der Mitte nach außen gewebt. Da die Kettfäden in ungerader Anzahl aufgespannt werden, muss man diesen Rhythmus nicht unterbrechen. Einzig, wenn der Faden zu Ende ist, wird ein neuer angeknotet. Der Knoten wird dann nach ein paar Webrunden durch das Gewebe auf die Unterseite geschoben und damit unsichtbar. Auch wenn sich beim Weben bei einigen Kindern kleine „Rhythmusfehler" einschleichen, macht das nichts, solange das Gewebe stabil ist. Der Effekt bleibt auf jeden Fall erhalten.

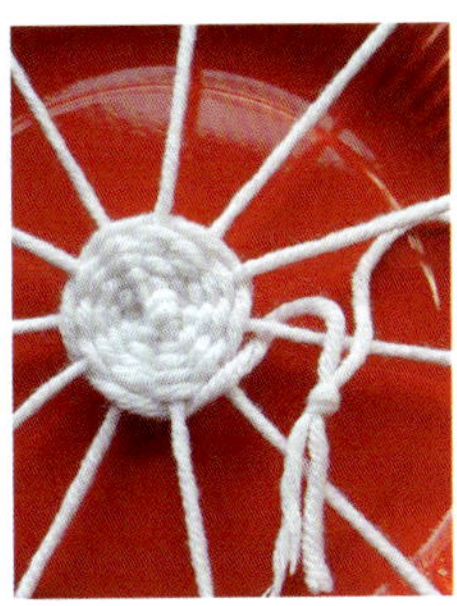

Das Fadenende wird schließlich an einen Kettfaden angeknotet. Wenn es nicht zu kurz abgeschnitten wird, lässt es sich leicht hinter das Gewebe schieben und verschwindet damit unsichtbar. Das Schöne an dieser Textilarbeit ist, dass Sie die Freiheit haben, zu entscheiden, ob Sie klassische textile Versäuberungstechniken vermitteln wollen oder nicht. Alles kann, nichts muss.

2. **Apfel fertigstellen:** Wir haben den Apfel schließlich noch mit einer Wäscheklammer und einem Seidenpapier-Blätterpaar verziert. Alternativ kann man dafür aber auch Tonpapier verwenden. Ein paar Apfelkerne aus schwarzem Tonpapier auf dem Gewebe machen den Apfel noch „appetitlicher".

3. Hintergrund: Für den Hintergrund legen die Kinder mit Wasserfarben einen Apfelbaumast auf dem Zeichenpapier an. Dieser wird in verschiedenen Brauntönen gestaltet. Das lässt den Ast plastisch erscheinen und erhöht die Wirkung. Die Kinder erproben dabei die Differenzierung der Farbe Braun. Sie lässt sich mit Gelb warm aufhellen und mit Schwarz schattig verdunkeln.

Schülerarbeit

Ein guter Kontrast zum roten Apfel bildet grünes Blätterwerk im Hintergrund. Dies kann als differenzierte grüne Fläche oder aber auch aus Blättergruppen angelegt werden. Schnelle Kinder lasse ich nach Abschluss ihrer Arbeit noch Tonpapierblätter ergänzen. Auch hier erhöhen verschiedene Grüntöne den optischen Effekt.

Nach dem Trocknen des Hintergrundbildes kann man noch ein paar grafische Elemente mit dem Filzstift ergänzen. Der Ast kann noch eine Maserung erhalten. Gräser, Vögel, Würmer, Spinnen etc. bereichern das Bild. Hier dürfen Sie auf die Ideen der Kinder gespannt sein.

4. Fertigstellung: Schließlich wird der Apfel auf den Hintergrund geklebt. Besonders effektvoll wirken die Bilder auf einem passenden Passepartout. Dieser lässt jedes Kunstwerk noch kostbarer erscheinen.

5. Tipp: Da sich dieses Kunstprojekt seinerzeit über einige Wochen erstreckte und einige Kinder krankheitsbedingt fehlten, haben diese Kinder nur den Hintergrund gestaltet und einen „schnellen" Papierapfel aufgeklebt. So konnten auch sie an der Gemeinschaftsausstellung teilnehmen.

Reflektion

Folgende Fragestellungen können Ihnen bei einer Nachbesprechung mit den Kindern und der Beurteilung der Werke behilflich sein:

- Wie gleichmäßig ist das Rundgewebe gelungen? Wie gut erscheint die gesamte technische Ausführung des Gewebes (Kettfädengebilde, Anschlussknoten, Festigkeit des Fadenzugs, Geweberand etc.)?
- Wie viele unterschiedliche Braun- und Grüntöne sind bei der Hintergrundgestaltung zu erkennen?
- Wurde die Maserung geduldig und ausdauernd durchgeführt?
- Welche eigenen Ideen hat der Künstler in das Bild einfließen lassen?
- Wie ist der Gesamteindruck? Wurde ausdauernd und sorgfältig gearbeitet?

Schülerarbeiten

alternative Präsentation als Gruppenarbeit

Differenzierung für schnell arbeitende Schülerinnen und Schüler

Fertige Schüler dürfen sich die Tonpapier-Restekiste schnappen und Leben in den Apfelbaum bringen. 3-D-Blätter, kleine Tiere (Würmer, Schmetterlinge, Bienen) und kleine Miniäpfel im Hintergrund sind einige von vielen Möglichkeiten.

Eine weitere Möglichkeit ist, einen Apfel mit grafischen Mitteln zu gestalten (s. S. 49). Etwas weniger entspannend für den Kunstlehrer, aber hochbeliebt bei Bastelfreunden sind die abgebildeten „Apfelbaum"-Papierarbeiten.

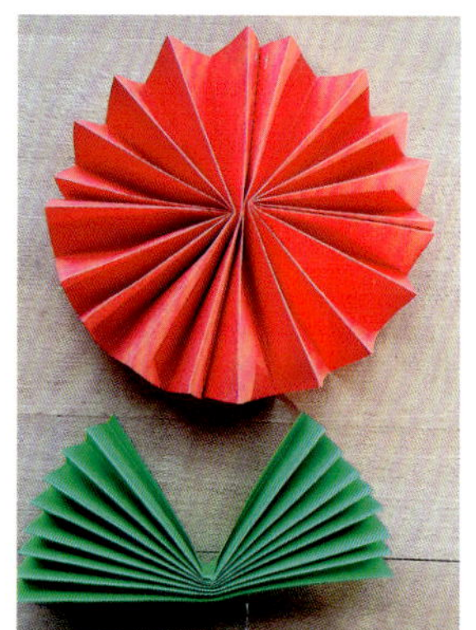

Apfelthema im Anfangsunterricht

Kurz nach der Einschulung inspirierte eine Apfelspende mich dazu, in einem ersten Schuljahr diese Version des Themas zu gestalten. Im Mittelpunkt stand hier „nur", den Farbkasten als neues Werkinstrument kennenzulernen und Farben deckend anzurühren. Schnelle Kinder durften sich einen Hexenleiter-Wurm falten und dem Apfel als Besucher aufkleben.

Schülerarbeiten

Übertragung des Projektthemas auf andere Gestaltungsbereiche

Grafisches Gestalten	Das Motiv lässt sich unverändert als Bleistift- oder Filzstiftzeichnung anlegen: Man beginnt mittig mit dem (etwas kleineren) Apfel und gestaltet darum herum den „Lebensraum“ Apfelbaum mit seinen Bewohnern. Wer nicht viel erklären möchte, kann auch die Kopiervorlage „Apfel-Zentangle inspired Art“ (s. S. 49) nutzen. Hier findet das „Zentangeln“ Anwendung.
Räumliches Gestalten	Aus Pappmaché lassen sich kleine Äpfel formen. Diese kann man entweder in einer Apfelschale „anrichten“ oder auf einem (Papier- / Pappmaché- / Echtholz-)Baum als Gemeinschaftsarbeit anbringen.
Szenisches Gestalten	Hier verweise ich auf eine Gestaltungsaufgabe in einem anderen meiner Kunstbände: Papiertheater zum Buch „Die Maus und der rote Apfel“. Einige Buchszenen werden mit einem Papiertheater nachgespielt oder neu gestaltet. Papierfiguren stecken auf Schaschlikspießen und bewegen sich zwischen zwei Papierschichten innerhalb der Theaterkulisse, die ein Deckmalfarbenbild mit Tonpapiercollage darstellt.
Medien	Verschiedene Äpfel auf dem Wochenmarkt / Zuhause / bei der Frühstückspause fotografieren und vergleichen. Welche Sorten gibt es? Welche schmecken besonders gut? Wann wird ein Apfel rot? Mit einem Malprogramm kann aus Kreisen, Ovalen und Rechtecken ein Baum mit Blättern und roten Äpfeln entstehen.
Textiles Gestalten	s. Projekt „Apfel“
Objekte Bildbetrachtung	Wer sagt, dass man Äpfel nur in Verbindung mit Apfelbäumen oder Stillleben malen kann? Rene Magritte provoziert den Betrachter mit seinem Bild „Der Sohn des Menschen“ (1964) und erstaunt mit seinem surrealen Selbst . Das Gesicht des abgebildeten Mannes wird durch einen Apfel verdeckt. Das linke Auge späht durch die Apfelblätter. Magritte spricht vom „Sichtbaren, das verborgen ist und dem Sichtbaren, das gegenwärtig ist“. Der Betrachter mag neugierig, aber auch frustriert wegen der Position des Apfels sein. Er muss sich das Verborgene vorstellen. Kleidung und Körperhaltung liefern ein paar Hinweise. Vielleicht mögen die Kinder das Verborgene malen. Wo gleichen sich die Kinderlösungen, wo unterscheiden sie sich? Dies ist auch eine Möglichkeit, an Kunstbetrachtung heranzugehen. Probieren Sie es einmal.

Kopiervorlage „Schablone Apfel“

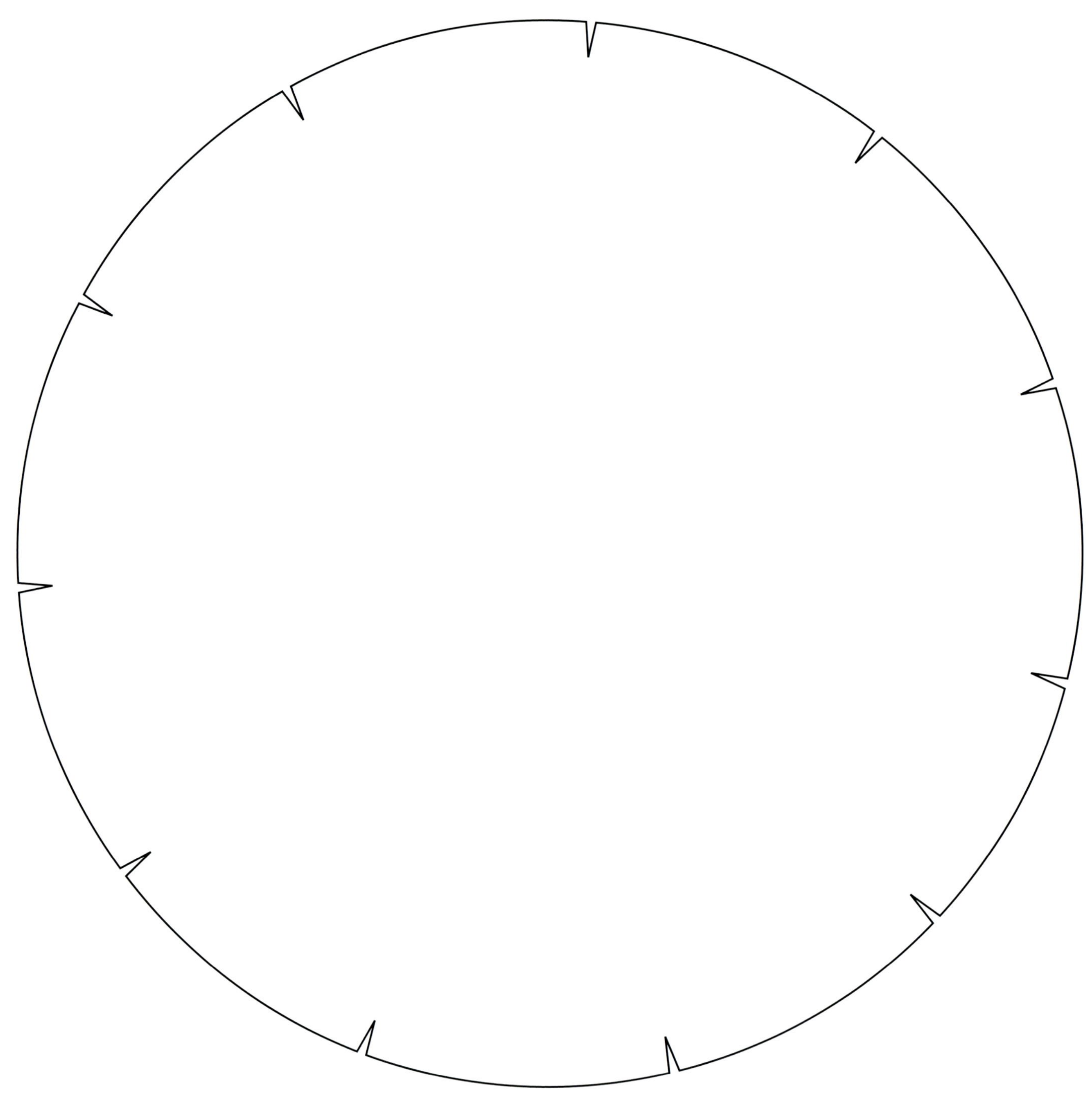

Vergrößerung auf 115 % (bis optional 135 % auf DIN-A3-Papier)

Kopiervorlage „Apfel Zentangle inspired art“

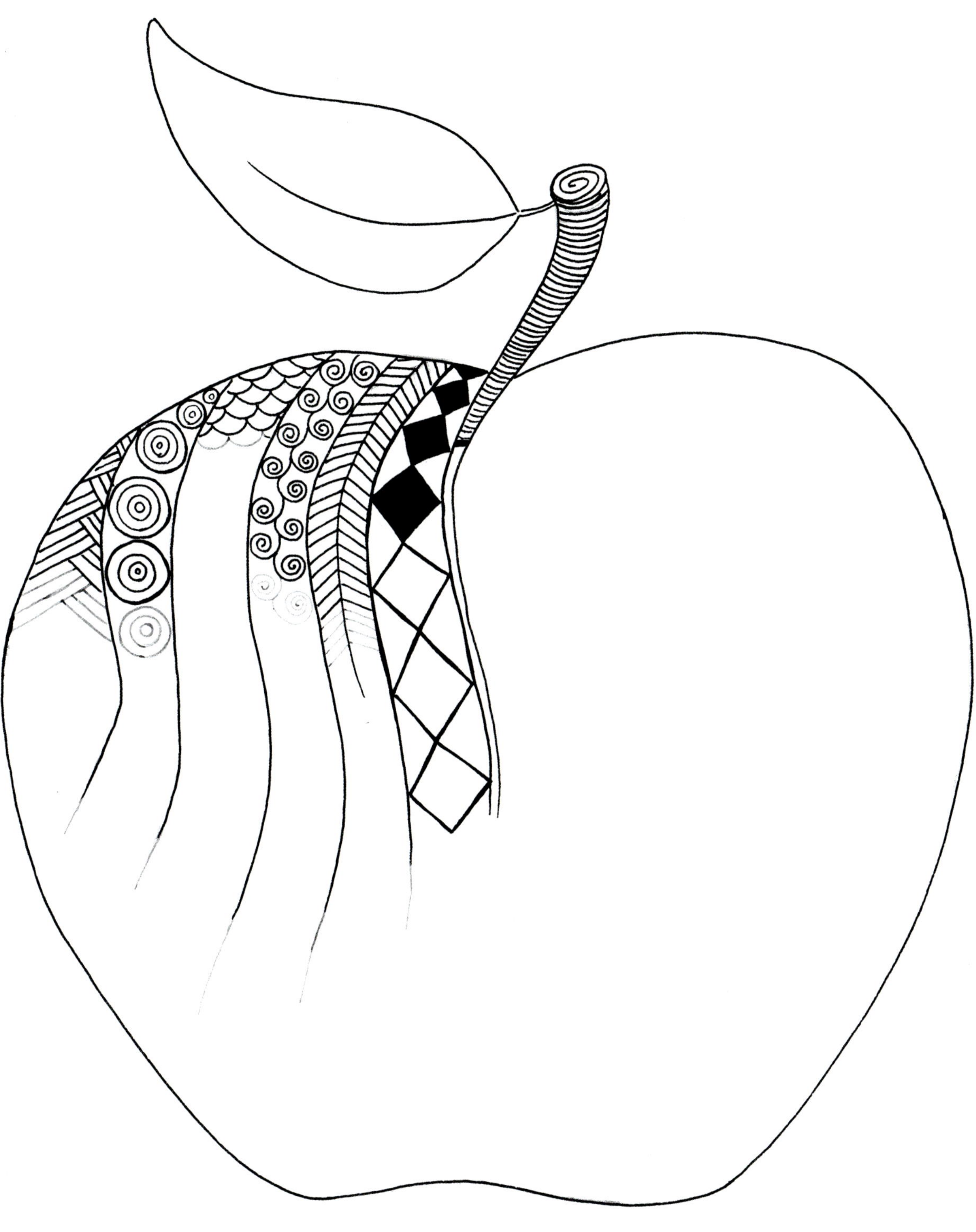

Tintenherz
Das verlorene Buch
Auge
Hey
Juline
Abc
Taler
Liebe
Reise
Zauber
Berg
Stopp
Finger weg
Ooh!
Das Gruselbuch
Das verlorene Reich
Der Tot
Weiße
Tinten tot
Nicht nehmen
Werwolf wider Willen

Lieblingsbücher

Sachthemen: Buch, Medien, Lesen, Märchen, Abenteuer

Zeit
ca. 4–6 Stunden

Material Deckfarben, Zeichenblöcke DIN A3, Lineal, Bleistift

Kompetenzen

- grafische Formen für Bücher bzw. Buchrücken finden
- Buchanordnungen und -lagen grafisch darstellen
- Formen gezielt farbig gestalten und dabei Farbkontraste bewusst einsetzen
- Muster, Schraffuren und Oberflächen mit grafischen Mitteln gestalten
- Bildübergänge (Holzregal) gestalten, um eine Gruppenanordnung und -präsentation zu ermöglichen

Bei diesem Kunstprojekt haben wir uns die ganze Zeit auf unsere Gemeinschaftsausstellung gefreut. Erst sie ließ das endgültige Kunstwerk entstehen. Das war schließlich auch „eine Wucht", um mit den Worten der Kinder zu sprechen: Erst vor unserem geistigen Auge, später vor unseren wahrhaftigen Augen entstand ein riesiges Bücherregal mit endlos vielen geheimnisvollen, märchenhaften Büchern.

Da das Lesen von Klassenlektüren bzw. Ganzschriften, Vorlesetage, „antolin.de"-Lesequizze und andere Leseaktivitäten zum Schulalltag in allen Jahrgangsstufen gehört, fällt die thematische Einbindung dieses Kunstprojektes nicht schwer.
Eine Frage muss aber am Anfang der Kunststunde gestellt werden: Was liest du gerne? Und weiter nachgefragt werden könnte auf diese Weise: Was würdest du in Zukunft gerne lesen? Worüber sollte einmal ein Kinderbuch geschrieben werden? Was gehört in dein Lieblingsbücherregal? Und wer es von Ihnen noch etwas fantasievoller mag: Was passiert wohl nachts im Bücherregal? Stellen wir uns einmal vor, die Bücher und ihre Figuren würden lebendig. Was würden sie wohl treiben? Sich das vorzustellen, bereitet sicher nicht nur mir großes Vergnügen.

Bildaufbau

1. **Holzrahmen:** Dieses Kunstwerk wirkt als Einzelbild, ist aber als Teil einer Gruppenarbeit gedacht und kommt dann erst besonders eindrucksvoll zur Geltung. Da die Bilder direkt nebeneinander hängen, benötigen wir „Übergänge". Harmonische Übergänge zu den Nachbarbildern ergeben sich zum Beispiel, wenn für alle Bilder ein einheitlicher „Rahmen" festgelegt wird. Wir haben an jeder Seite des Bildes ein Stück Holzregal gestaltet. Der Abstand zum Rand beträgt ca. 2 cm. Das kann man mit einem Lineal ausmessen oder den Kindern Abstandsschablonen (= 2 cm breite Pappstreifen) zur Verfügung stellen. Nutzen Ihre Kinder das Lineal, würde ich unbedingt nach dem Anzeichnen der Abstandsmarkierungen auf das Lineal verzichten, damit die Regallinien genauso natürlich und unperfekt werden, wie die übrigen Linien. Der Rahmen wird mit verschiedenen Brauntönen ausgemalt und später mit dem Filzstift gemasert.

Wer es gerne ganz perfekt hat, verteilt DIN-A3-Blätter aus einem (!) Zeichenblock, damit die Papiergrößen übereinstimmen. Bei uns war das nicht der Fall. Ich habe kleine Größenunterschiede beim Zusammensetzen der Gemeinschaftsarbeit ausgeglichen.

2. **Bücher:** Ein Blick in unsere Klassen- oder Schülerbücherei machte schnell deutlich, dass jedes Buch anders ist. Nicht nur die Themen und Geschichten sind unterschiedlich, sondern auch die Einbände. Es gab große und kleine Bücher, dicke und dünne, bunte und schlichte … . Besonders die Buchrücken interessierten uns bei unserer Betrachtung. Auf allen Buchrücken steht noch einmal der Titel des jeweiligen Buches. Es wurden verschiedene Schriften und Schriftgrößen verwendet. Das wollten wir auch ausprobieren.

Mit dünnen Bleistiftstrichen legten wir zuerst verschiedene Bücher in Form von abgerundeten Rechtecken an. Es gibt breite, schmale, lange und kurze Rechtecke. Die Form des Rechteckes wird mit jedem neuen Buch variiert. Auch die Lage darf variiert werden und bringt noch mehr Leben in unser Bücherregal. Bücher können gekippt an ein anderes Buch gelehnt werden.

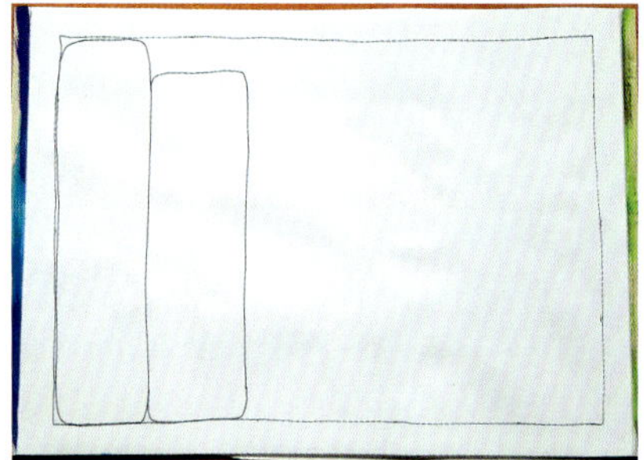

Jetzt wird es farbig. Für einen schönen Effekt ist es wichtig, Farben zu kombinieren, die sich gegenseitig gut zur Geltung bringen. Man kann zum Beispiel die Grundfarben Rot, Gelb und Blau vereinbaren und diese durch Pinktöne und Grün ergänzen. Wenn dann für einzelne Bücher noch zusätzlich der Rest des Farbkastens geplündert werden muss und einzelne Bücher braun, schwarz oder (oh Augenschmerz) in Gold oder Silber gestaltet werden, wirkt sich das auf die tolle Gesamtwirkung nicht aus. Diese Freiheit muss den Kindern erlaubt sein, wenn sie schon wissen, was in ihrem Lieblingsbücherregal stehen soll. Ein Gruselbuch muss natürlich auch finster gestaltet werden. Ein Märchen- oder Prinzessinnenbuch schreit förmlich nach Goldauflage.
Wenn Sie mögen, regen Sie die Kinder dazu an, beim Ausmalen der Buchrücken die gewählte Farbe innerhalb der Fläche zu differenzieren. Mit etwas Wasser hellt man die Farbe auf und erzeugt einen plastischen Effekt. Zusätzlich kann man mit dunklen Farben einen Schatteneffekt ergänzen.

3. **Grafik:** Die Deckfarbenbilder müssen nun erst einmal durchtrocknen. Ist das geschehen, geht es mit dem Filzstift an die Feinheiten. Ich habe für solche Fälle immer einen Klassensatz schwarze Permanentmarker im Schrank. Bei einer Gruppenarbeit sorgt eine einheitliche Strichqualität für optische Harmonie.
   Jedes Buch erhält eine Kontur. Dann müssen sich die Kinder Buchtitel überlegen. Alles ist erlaubt: Lustiges, Unmögliches, Chinesisches … Auch die Schriften können variiert werden. Schließlich dürfen sich auch die „Buchbewohner" aus den Büchern schleichen und kleine Streiche spielen. Spinnweben, vergessenes Spielzeug, Blümchen etc. bringen zusätzliches Leben ins Bücherregal. Was alles nicht in ein Bücherregal gehört, kann ich mir zu Hause anschauen. Wie wohl bei vielen anderen Menschen, stehen auch bei mir nicht nur Bücher im Regal (leider).

4. **Gemeinschaftsarbeit:** Dafür benötigen Sie mehrere große Tonpapiere in einer einheitlichen Farbe. Diese werden zuerst zusammengeklebt. Schließlich werden alle Kunstwerke zu einen großen Rechteck (z. B. 3 x 6, 4 x 5, 3 x 7, 4 x 6 Bilder …) zusammengestellt. Sollten Sie keine passende Anzahl von Schülerarbeiten haben, lassen Sie schneller arbeitende Kinder ein paar leere Bücherregalfächer gestalten (Holzrahmen wie oben beschrieben, Innenfläche schwarz ausfärben). Mit denen füllen Sie dann Ihren Klassensatz auf. Jetzt brauchen Sie nur noch eine große leere Wand. Fertig!

Schülerarbeit

Reflektion

Folgende Fragestellungen können Ihnen bei einer Nachbesprechung mit den Kindern und der Beurteilung der Werke behilflich sein:

- Wurde der Holzrahmen in der passenden Größe gestaltet und bietet er einen guten Übergang zum nächsten Bild?
- Wurden verschiedene Buchformate gefunden?
- Wurden die Bücher interessant angeordnet (gekippt, gelegt)?
- Welche Farben wurden gewählt? Wie ist die Farbabfolge? Passt die Farbe zum Buchtitel oder erfüllt sie eine andere Funktion (z. B. das Buch wertvoll erscheinen zu lassen)?
- Welche Titel wurden ausgewählt? Sind sie originell, lustig, sachlich? Was verraten sie über den Besitzer des Bücherfaches?
- Wurden unterschiedliche Gestaltungsideen bei den Schriftzügen angewendet?
- Wie ist der Gesamteindruck? Wurde sorgfältig und ausdauernd gearbeitet?

Schülerarbeiten

Differenzierung für schnell arbeitende Schülerinnen und Schüler

Hier können wir das beliebte Lettering einmal als Zusatzaufgabe einsetzen:

Auf ein farbiges Stück Papier (z. B. wässrig aufgetragene Deckfarbenfarbverläufe) werden die auf dem Arbeitsblatt „Lesezeichen" (s. S. 56) vorgeschlagenen Sprüche geschrieben. Oder Sie lassen die Kinder das Lesezeichen auf dem Arbeitsblatt mit Buntstiften kolorieren und dann beschriften.

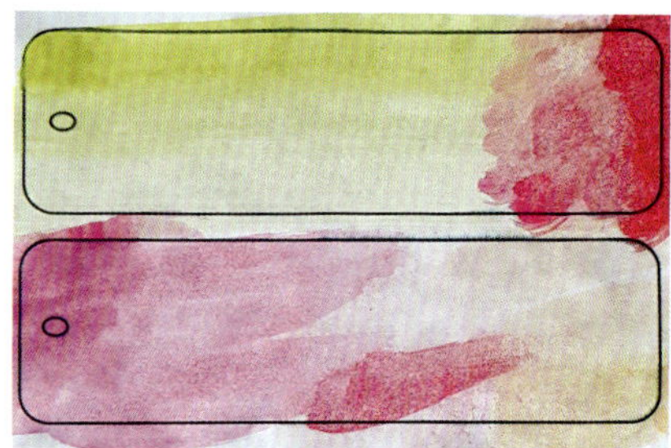

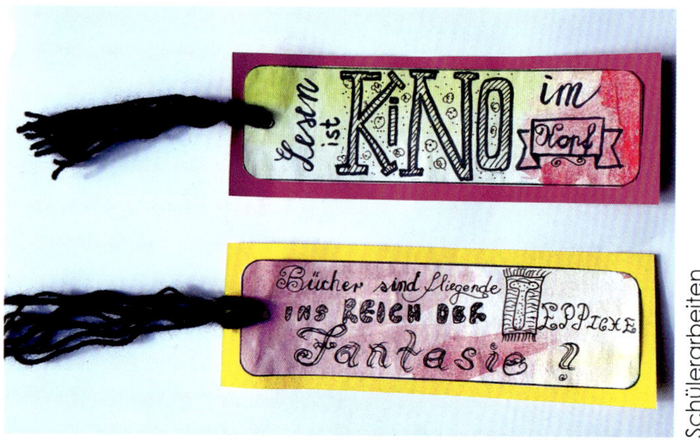

Schülerarbeiten

Übertragung des Projektthemas auf andere Gestaltungsbereiche

Grafisches Gestalten	Hand- & Fun-Lettering (s. S. 56 / 57)
Räumliches Gestalten	Wir räumen unser Klassenbücherregal auf – welches System ist sinnvoll? Welche optischen Hilfen kann man gestalten? Wie gestalte ich einen Büchertisch mit aktuellen Buchempfehlungen? Wie werden Bücher, Regale, Leseecken in einer Bücherei angeordnet, damit die Nutzer Lust auf Bücher bekommen und verweilen mögen? Wie sieht eine gemütliche Leseecke im Klassenraum aus?
Szenisches Gestalten	Gestalten Sie einzelne Szenen aus der Klassenlektüre: Als Pantomime, als gespielte Szene, als Stockpuppenstück, als Papiertheater etc. Sie können sich auch mit den Kindern ausmalen, was nachts im Bücherregal geschieht, wenn zum Beispiel Räuber Hotzenplotz auf Ronja Räubertocher trifft? Dafür benötigt man keine Requisiten und keine Vorbereitung, nur viel Fantasie. Ruckzuck entstehen lustige „Steh-Greif-Theaterspiele“.
Medien	Im Internet kann man hervorragend nach vielversprechenden Büchern Ausschau halten und eine persönliche Leseliste zusammenstellen. Die Seite *https://antolin.westermann.de* kann ich an dieser Stelle auch jedem ans Herz legen. Auch weitere lustige Sprüche fürs Lettering findet man ohne Probleme im Internet. Geschriebene Texte lassen sich mit einem Schreibprogramm in verschiedene Schriften setzen und die entsprechende Wirkung erproben.
Textiles Gestalten	Bücher aus Stoff findet man in fast jedem Kinderzimmer. Was können diese Bücher, was Papierbücher nicht können? Wer hat noch eines zu Hause und könnte es mitbringen? Von diesen Vorbildern angeregt, könnte in Gemeinschaftsarbeit ein „Fühlbuch“ entstehen.
Objekte Bildbetrachtung	Carl Spitzwegs Bild „Der arme Poet“ (1839) zeigt einen armen Schriftsteller, der sich anscheinend an dem einzigen gemütlichen Lese- und Schreibort in seinem Zimmer befindet: im Bett – umgeben von Büchern. Wie lesen die Kinder gerne? Leseorte, -haltungen und -vorlieben können besprochen, gezeigt, fotografiert und gestaltet werden. Hub Pollen „Stillleben mit Büchern“ (2009) ist ferner eins von vielen aktuellen Bücherstillleben, die Sie im Internet finden können. Lassen Sie sich von den Kindern inspirieren. Welche guten Ideen könnte man für das eigene Schaffen von den großen Meistern „abgucken“?

Kopiervorlage „Lesezeichen“

Gestalte dir ein freches Lesezeichen!

1. Färbe das Lesezeichen in hellen Farben (mit Buntstiften oder Wasserfarben).
2. Wähle einen Spruch aus.
3. Probiere auf einem Schmierblatt verschiedene Schriften aus.
4. Mixe die Schriften und gestalte mit Bleistift den Text auf dem Lesezeichen.
5. Gefällt dir dein Werk, ziehe die Schrift mit einem scharzen Filzstift nach.

Bücher sind wie Kekse! Hat man einmal angefangen, kann man nicht aufhören, sie zu verschlingen.

Lesen ist Kino im Kopf.

Lesen gefährdet die Dummheit.

Ich bin ein Litera Tourist: Auf der Reise durch die Seiten.

Mit einem Buch erlebst du krasse Dinge, während du gemütlich im Bett liegst.

Wer zu lesen versteht, besitzt den Schlüssel zu großen Taten, zu ungeträumten Möglichkeiten, zu einem berauschend schönen, sinnerfüllten und glücklichen Leben.
(Aldous Huxley)

Wer das liest, kann lesen!

Lesen ist für den Geist, was Gymnastik für den Körper ist.
(Joseph Addison)

Bücher sind fliegende Teppiche ins Reich der Phantasie.
(James Daniel)

Kopiervorlage „Schrift“

ABCDE
FGHIJK
LMNOP
QRSTUV
WXYZ

ABCDEFG
HIJKLMN
OPQRST
UVWXYZ

ABCDEFG
HIJKLMN
OPQRSTU
VWXYZ

ABCDEFG
HIJKLMN
OPQRSTU
VWXYZ

ABCDEF
GHIJKL
MNOPQR
STUVW
XYZ

HOTEL

Alles eine Sache der Perspektive

Sachthemen: Stadt / Verkehr, Landschaften / Natur, Geisterbahnen / Halloween, Spiel & Spaß, Mode, Süßigkeiten / Ernährung

Zeit
ca. 4–6 Stunden

Material

Deckfarben, Zeichenblöcke DIN A3, Bleistift, Radiergummi

Kompetenzen

- Raumsituationen und Sachverhalte grafisch räumlich darstellen (vorn – hinten, nah – fern, oben – unten)
- grafische Muster, Strukturen und Oberflächenbeschaffenheiten darstellen und zum Fluchtpunkt verändern / verkleinern
- Begriffe „vorne", „hinten", nah", „fern", „Fluchtpunkt" kennenlernen
- in ersten Versuchen Farben und Farbwirkungen zur Gestaltung der Räumlichkeit nutzen

Mit dieser Bildaufgabe stelle ich Ihnen ein wunderbares Projekt vor, bei dem Sie keine Materialvorbereitung haben und es mal richtig „krachen" lassen können. Gemeint sind die grauen Zellen der lieben Kleinen: Vor einiger Zeit übernahm ich als Fachlehrer ein sehr leistungsstarkes viertes Schuljahr, das sich sehr cool und gelangweilt präsentierte. Als ich sie fragte, ob sie mit mir einmal ein Kunstprojekt ausprobieren wollten, das ich nicht mit jeder Klasse mache und machen kann, weil man viel nachdenken und probieren muss, waren sie Feuer und Flamme und die „Challenge" konnte beginnen.
Das Spiel mit der Perspektive ist etwas für ältere Kinder, aber jederzeit für alle Klassen durchführbar. Entscheidend sind die kleinen Griffe in die künstlerische Trickkiste, die schnell erlernbar sind. Und auch diese muss nicht jedes Kind verstehen und umsetzen. Der Gesamt-Wow-Effekt ist auf jeden Fall garantiert.

Bildaufbau

1. **Vorbereitung:** Eine vorgeschaltete Entscheidung, die Sie treffen müssen, ist, ob alle Kinder das gleiche Motiv gestalten oder auch das Motiv zur freien Wahl steht. Viel kreative Freiheit heißt auch immer erst einmal „Kampf mit dem leeren Blatt" und warten auf eine Idee. Wenig selbstbewusste Schüler verliert man an dieser Stelle schnell. Mein Kompromiss: Eine Motividee im Rahmen der Vorbesprechung vorgeben und dann freie Wahl lassen: Aufgreifen der vorgestellten Idee oder „freischwimmen" und selbst entwickeln. Selbstentwickler müssen dann zuvor darauf eingestellt werden, dass sie Motive ausprobieren könnten, die nicht funktionieren. Die Kinder müssen in Kauf nehmen, sich ein wenig „zu ärgern" und noch einmal von vorne zu beginnen. Aber gerade dieses „Trial and Error" ist der beste Weg zum großen Lerngewinn und bringt die jungen Künstler weiter. Das sage ich den Kindern genau so. In meinem Fall haben sich bis auf drei Kinder alle für das Experimentieren entschieden.

2. „Spielregeln“ erarbeiten: Mein Motivvorschlag war eine Straße mit Baumallee. Mit diesem Motiv kann man alles erklären und hat keine Formfindungsprobleme, was die weiteren Motive angeht. Es geht im Grunde nur um drei Zeichenregeln:

- Ein Linienkreuz wird als Bleistifthilfslinie auf das Papier gezeichnet. So erhält man in der Mitte den sogenannten „Fluchtpunkt“.
- Die gewählten Motive werden zur Bildmitte hin (zum Fluchtpunkt) kleiner.
- Motive ohne gerade Linien wählen. Wenn man dies aber trotzdem möchte, müssen die Linien die gleiche Richtung / Lage der Hilfslinien haben.
  - a) senkrechte Linien senkrecht zeichnen
  - b) waagerechte Linien streben zum Fluchtpunkt
    (Keine Angst vor dieser Regel. Der Bildeffekt tritt auch ein, wenn diese Regel außer Acht gelassen wird, siehe Titelbild.)

An der Tafel entsteht nun mein Angebotsmotiv:

a) Hilfslinien mit Fluchtpunkt zeichnen.
Die vier entstandenen Dreiecke werden nun nacheinander ausgestaltet:

b) Baumreihe: Vorne (= am Bildrand) beginnen und Motiv entwickeln, dann zur Mitte wiederholen und immer kleiner werden lassen. Das Motiv sollte nicht aus dem Dreieck springen. Mehr als zwei Bäume zeichne ich nicht selbst an die Tafel. Schnell übergebe ich die Kreide an die Kinder. Die Gruppe der „Mutigen“ wächst schnell an. Sie werden sehen.

c) Gegenüberliegendes Dreieck analog von den Schülern gestalten lassen.

d) Hier kann alternativ auch Regel 3 erklärt werden. Einfache Häuser bieten sich an. Die senkrechten Linien orientieren sich an der geraden Bildrandgerade und bleiben senkrecht. Alle waagerechten Linien orientieren sich an den Hilfslinien und verlaufen schräg zum Fluchtpunkt. Um den Verlauf zum Fluchtpunkt zu finden, kann man ein Lineal zur Hilfe nehmen.

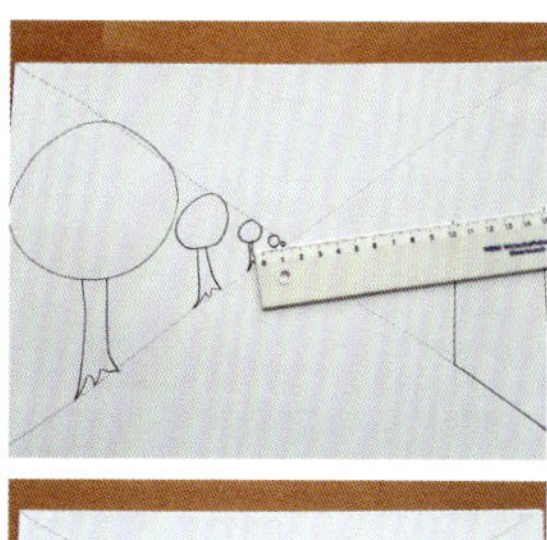
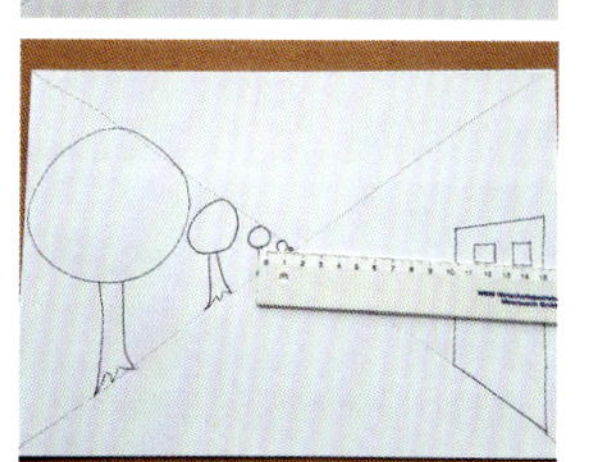

e) Straße (unteres Dreieck) ausdifferenzieren: Mir reicht die klassische Straßenmarkierung in der Mitte. Auch diese Straße wird zur Mitte hin kleiner!

f) Himmel (oberes Dreieck): Hier sollten Sie die Kreide wieder an die Schüler abgeben. Mal schauen, ob sie das Prinzip verstanden haben? Probieren wir es mit Wolken aus.
Hilfreich ist es wieder, am Bildrand (perspektivisch für vorne / nah) anzufangen. Das gewählte Motiv wird zur Mitte hin wieder kleiner (perspektivisch für hinten / fern).

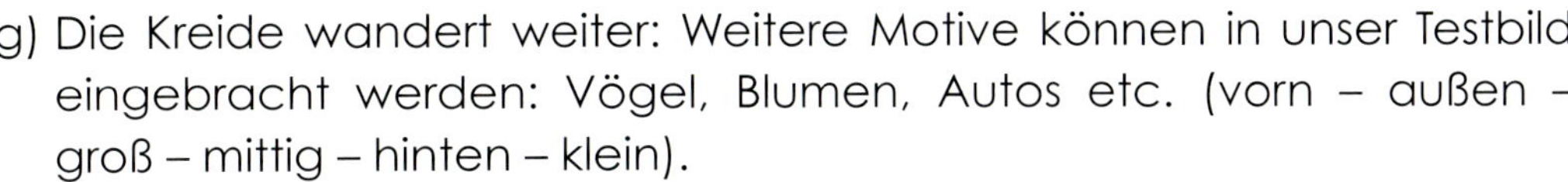

g) Die Kreide wandert weiter: Weitere Motive können in unser Testbild eingebracht werden: Vögel, Blumen, Autos etc. (vorn – außen – groß – mittig – hinten – klein).

Auch wenn bei der Gestaltung der Häuser die waagerechten Linien nicht auf den Fluchtpunkt zustreben, beeinträchtigt das den Effekt nicht. Bei dieser Aufgabe ist wie immer der Weg das Ziel. Das Spiel mit der Perspektive vermittelt den Kindern neue grafische Möglichkeiten. Wie viele sie davon umsetzen, ist nicht so wichtig.

3. **Experimentierphase:** Wenn das Prinzip an der Tafel klar geworden ist, geht es für alle los. Bewährt hat sich, noch einmal mögliche Motivideen im Geiste durchzuspielen. Das eröffnet auch Kindern mit wenig eigenen Ideen den Horizont der Möglichkeiten. Diese Unterrichtsphase belohnt uns später mit unglaublich vielseitigen Ideen. Los geht's. Mit Bleistift und querformatig gelegtem Zeichenpapier dürfen nun eigene Ideen ausprobiert werden.

4. **Motivgestaltung mit dem Bleistift:** Ich bitte die Kinder, ihre Motive nur grob und groß vorzuzeichnen. Alle Details erfolgen erst zum Schluss. Das klappt zwar nicht durchgängig, aber die Kinder, die sich an diesen Tipp halten, haben es später mit dem dicken Wasserfarbenpinsel leichter.

Schülerarbeiten

5. **Färben und Ausdifferenzieren:** Sind die Motivideen skizziert, werden sie mit Deckfarben ausgemalt und im getrockneten Zustand mit dem Filzstift ausdifferenziert.

Reflektion

Folgende Fragestellungen können Ihnen bei einer Nachbesprechung mit den Kindern und der Beurteilung der Werke behilflich sein:

- Wurden originelle Motivideen verwirklicht? Was ist dem Künstler eigenständig eingefallen?
- Wurden die Perspektivregeln eingehalten und umgesetzt? Wie schwer ist das gewählte Motiv umzusetzen? (Motive mit geraden Linien sind komplizierter als runde Formen.)
- Wurden geeignete Farbkontraste gewählt, um die einzelnen Motive besser erkennen zu können?
- Wie differenziert und aufwändig wurden die Motive mit grafischen Mitteln (mit dem Filzstift) überarbeitet?
- Wie ist der Gesamteindruck? Wurde sauber und genau gearbeitet? Wurde sich bei der Bildanlage viel Mühe gegeben? Wurden viele Ideen umgesetzt?

Differenzierung für schnell arbeitende Schülerinnen und Schüler

Da wir während dieses Kunstprojektes Trockenzeit zu überbrücken hatten, haben wir parallel an einem neuen Fensterbild gearbeitet. Eine Schafherde sollte unser Klassenfenster zieren. Um auch hier das Thema Perspektive umsetzen zu können, haben wir alle Motive in drei Größen gestaltet. Bevor die Herde an das Fenster kam, haben wir die Motivelemente genutzt und verschiedene Anordnungsszenarien auf dem Klassenboden durchgespielt: Gedachte Hilfslinien, große Elemente außen, mittlere in der Mitte, kleine in der Nähe des Fluchtpunktes. Aber auch das Verlegen des Fluchtpunktes machte Spaß und erzeugte neue Aha-Momente.

Schülerarbeiten

Übertragung des Projektthemas auf andere Gestaltungsbereiche

Grafisches Gestalten	Einen Vorschlag für eine Grafik finden Sie in der Differenzierungsaufgabe für schnelle Kinder (s. S. 65).
Räumliches Gestalten	Hier bieten sich interessante „Sehreisen“ an. Lassen Sie die Kinder einmal ausgewählte Dinge von verschiedenen Perspektiven aus betrachten. Für den Anfang würden sich die Normal-, die Frosch- und die Vogelperspektive anbieten. Bei der Normalperspektive werden die Dinge auf normaler Augenhöhe des stehenden Betrachters angeschaut. Bei der Froschperspektive liegt der Augenpunkt unter der normalen Augenhöhe, bei der Vogelperspektive meist auf einem schräg darüber gelegenen Augenpunkt. Für Kinder vereinfacht: Wir betrachten die Gegenstände im Stehen, von unten (im Liegen) und von oben (von einer Leiter oder dem Tisch). Man könnte zum Beispiel einen Apfel, einen Klemmbaustein oder einen Tornister nehmen. Wenn sie das Thema weiter verfolgen mögen, lassen Sie die Kinder selbst nach geeigneten Objekten auf dem Schulgelände Ausschau halten und diese aus verschiedenen Perspektiven betrachtet malen. In den meisten Mathebüchern finden Sie im Lernbereich Geometrie Übungen, bei denen ein bunter Klötzeturm aus verschiedenen Perspektiven gemalt werden soll.
Szenisches Gestalten	Die Geschichte „Gullivers Reisen“ von Jonathan Swift bietet sich hervorragend an, um mit den Perspektiven zu spielen. Leicht umzusetzen wäre eine kleine Spielszene in einem Papiertheater. Gulliver wird als Stockpuppe (im DIN-A5-Format) gestaltet. Je ein Teil der Klasse fertigt eine Kulissenszene (auf einem DIN-A3-Blatt) für Gulliver bei den Riesen an, und der andere Teil lässt Gulliver durchs Zwergenland spazieren. Zum Beispiel kann Gulliver im Riesenland einer riesigen Maus begegnen. Im Zwergland sieht er die Zwergstadt zum Beispiel von oben.
Medien	Eine interessante Aufgabe wäre, in Zeitungen nach Bildern zu suchen, die Gegenstände, Gebäude oder Landschaften aus bestimmten Perspektiven abbilden. Die Bilder könnten jeweils auf ein Plakat für „Normalperspektive“, „Froschperspektive“, „Vogelperspektive“ und „Sonstiges“ geklebt werden. Auch eine Internetsuche würde viele schöne Beispiele erbringen. Man könnte den Themenbereich eingrenzen und zum Beispiel berühmte Bauwerke suchen lassen. Den Eifelturm gibt es beispielsweise in jeglicher Perspektive fotografiert. Eine weitere Möglichkeit ist, ausgewählte (Schul-)Motive aus verschiedenen Perspektiven zu fotografieren. Das könnte zum Beispiel ein Schülertisch oder -stuhl sein.

Textiles Gestalten	Quilt- und Patchworkarbeiten spielen dem Auge oft optische Illusionen von verschiedenen Perspektiven vor. Machen Sie mit den Kindern doch einmal einen Internetausflug zu besonders faszinierenden Beispielen textiler Kunst.
Objekte Bildbetrachtung	Giuseppe Bernardino Bison „Die Regatta auf dem Canal Grande in Venedig" (18. Jahrhundert). Dieses Beispiel historischer Perspektivmalerei lässt noch eine weitere Regel entdecken: Auch die Farbgebung verändert sich zum Fluchtpunkt hin. Sie wird mit Weiß aufgehellt und wirkt nebelig. Ein Musterbeispiel für Perspektivstudien liegt Ihnen bei Francesco di Giorgio Martinis Bild „Architektonische Vedute" (um 1490) vor. Hier erkennen die Kinder nach ihren Eigenversuchen schnell die perspektivischen Regeln. Ferner haben Sie auch mit Vincent van Goghs „Caféterrasse am Abend" (1888) ein Beispiel für perspektivische Malerei.

Schülerarbeiten

Kopiervorlage „In der Geisterbahn“

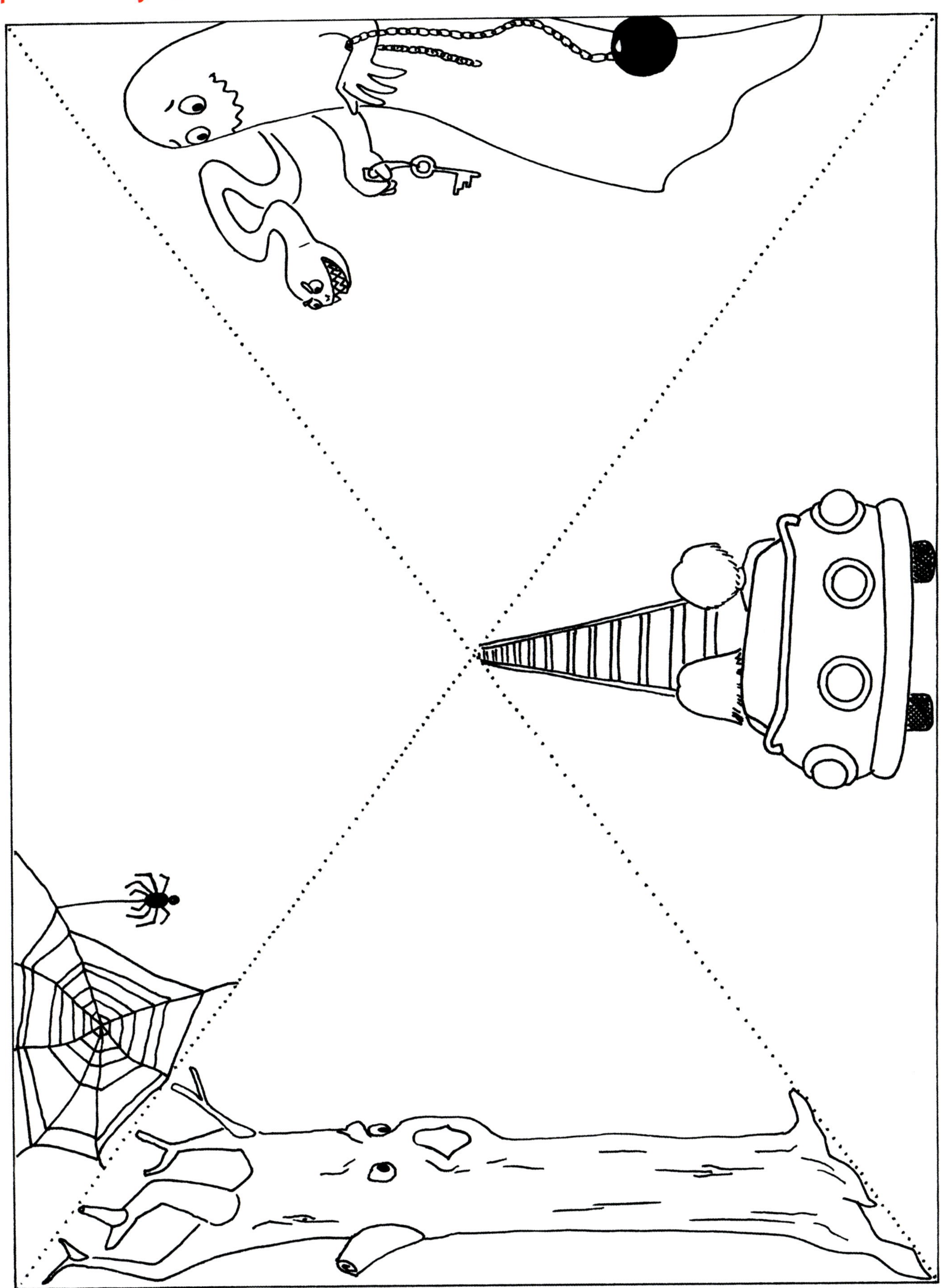

Lust auf eine gruselige Geisterbahnfahrt? Dann mal los: Zeichne zuerst in das linke und rechte Dreieck viele gruselige Geisterbahnattraktionen. Überlege dir möglichst viele unterschiedliche Angstmacher. Werde zur Mitte (dem Fluchtpunkt) hin immer kleiner, bis sie fast nicht mehr zu erkennen sind. Dann überlege dir etwas für die Decke. Was mag da alles hängen …?

Winterliches Dorf

Sachthemen: Winter, Wetter / Schnee, Stadt, Wohnstädte, Heimatkunde

Material

Deckfarben, Deckweiß, Zeichenblöcke DIN A3, schwarze Filzstifte

Kompetenzen

- Häuser grafisch räumlich darstellen (vorne – hinten, nah – fern, groß – klein) und dabei Überschneidungen der Motive gestalten
- Mischen von verschiedenen Rottönen (von Orangegelb über Pink bis Violett)
- gezieltes Wechseln und Einsetzen der Farbtöne, um die einzelnen Häuser besser zur Geltung zu bringen
- gezieltes Aufhellen der Farbtöne, um einen Schatten-Licht-Effekt zu erzeugen
- Differenzieren des Motives mit grafischen Mitteln (Filzstiftlinien)

Dieses Motiv ist ein echter Hingucker für die Schulwände. Wir haben es seinerzeit als Motiv für eine Weihnachtskartenaktion gestaltet. Der Veranstalter wirbt heute noch mit den tollen Ergebnissen der damaligen Drittklässler. Der Effekt beruht auf zwei einfachen „Tricks", die diese fantastische Raumtiefe und Plastizität erzeugen: Überschneidungstechnik und Farbschattieren. Alles kein Hexenwerk.

Bildaufbau

1. **Häuser:** Zuerst entstehen die Häuser. Ausnahmsweise darf hier eine Skizze mit Bleistift angefertigt werden, damit bei den Überschneidungen kleine Fehler schnell korrigiert werden können. Wie einfach eine Häusergruppe entstehen kann, zeige ich (mit Rücksicht auf die verschiedenen Sprachfähigkeiten meiner Schüler) an der Tafel mit folgender Skizze: Zuerst entstehen einige rechteckige Häuser auf der Standlinie. Die Dächer bestehen aus einfachen Dreiecken, deren Ecken abgerundet sind.

Die Fenster und Türen bestehen auch wiederum aus unterschiedlich geformten Rechtecken. An dieser Stelle werden aber noch keine weiteren Verzierungen wie Sprossen, Türgriffe etc. eingezeichnet. Das erfolgt erst später mit dem schwarzen Filzstift.

„Hinter" der ersten Reihe Häuser entsteht die zweite Reihe. Die Häuser bestehen aus den gleichen Grundformen, einziger Unterschied ist, dass die Linienführung immer da unterbrochen wird, wo schon ein Haus steht. Dieser Teil der Linien bleibt also unsichtbar.

Dahinter folgen dann noch so viele Häuserreihen, wie sich der kleine Künstler zutraut.

Nur wenige Kinder benötigten schließlich meine Hilfe, um die ein oder andere Linie, die unsichtbar sein sollte, wieder auszuradieren. Aber auch dann, wenn sich bei der Überschneidung der Motive kleine Fehler einschleichen sollten, tut das dem Gesamteindruck des Bildes keinen Abbruch. Kunstunterricht ist und bleibt eine Zeit, in der ausprobiert werden kann und soll. Die eigenen Erfahrungen mit dem Bildmittel Linie und der Überschneidungstechnik sind wertvoll für das weitere kreative Schaffen in diesem Gestaltungsbereich.

Wenn die Häusergruppe fertig ist, dürfen die Deckfarben herausgeholt werden. Die Wirkung des Bildes wird mit ein paar Farbbeschränkungen erzielt. Die Häuser bestehen aus den Farbtönen, die wir im Ittenschen Farbkreis im Bereich Gelb bis Violett finden. Das heißt, wir spielen mit den Farben Gelb, Orange, Rot, Pink, Violett – alles Farben im großen Rotbereich plus Gelb. Diese Farben leuchten herrlich und stehen harmonisch nebeneinander. Sie werden immer so angeordnet, dass möglichst immer eine Farbe an eine andere Farbe grenzt. Also Rot neben Violett neben Gelb neben Orange neben ... . Rot neben Rot zum Beispiel ist nicht empfehlenswert, da die Häuser sich nicht genug voneinander absetzen würden.

Der oben angesprochene zweite „Trick“ besteht nun aus der Schattierung der Häuser-Rechteckflächen. Da die Sonne nur auf einer Seite scheint, ist folglich auch bei jedem Haus die gleiche Seite etwas dunkler und die jeweils andere Seite etwas heller. Wir haben uns für die linke Seite entschieden und werden zur rechten Sonnenseite heller. Dies zeige ich den Kindern an einem Schülertisch. Ich rühre die gewählte Farbe kräftig an und trage sie auf der linken Häuserhälfte auf. Nun wasche ich den Pinsel aus und verteile mit dem Restwasser am Pinsel die aufgetragene Farbe langsam rüber zur anderen Seite. Die Farbe wird automatisch immer heller. Die Kinder dürfen die „Fenster“ ruhig übermalen. Das macht erst einmal nichts.
Auf Seite 27 finden Sie ein Arbeitsblatt, mit dessen Hilfe Sie das Schattieren bzw. qualitative Differenzieren einer Farbe mit den Kindern üben können. Man kann üben, muss das aber nicht unbedingt.

2. **Himmel:** Sind alle Häuser fertig, kommt der Himmel an die Reihe. Mit einem hellen Blau wird die Fläche (möglichst mit waagerechter Pinselführung) ausgemalt. Wer mag, kann in das nasse Hellblau noch kleine dunkelblaue Felder pinseln. Das gibt dem Himmel etwas Dramatik. Jetzt müssen die Bilder erst einmal durchtrocknen.

3. **Fenster:** Auf die trockenen Häuser werden nun die Fenster gemalt. Es liegt nahe, die Fenster von innen gelb leuchten zu lassen. Raffinierter und harmonischer wirken aber blaue Fenster. (Manchmal benötigen die Kinder eine inhaltliche Einbindung. Dann erkläre ich: „Es ist bei uns Nacht. Alle schlafen noch. Hinter den Fenstern ist es deshalb dunkel.“) Das Himmelblau kommt jetzt noch einmal zum Einsatz. Es muss nun deckend („schaumig“) angerührt werden. Das benötigt etwas Geduld und das mache ich deshalb wieder an einem Schülertisch für alle Kinder vor. Wenn die blaue Farbe richtig deckend angerührt wurde, überdeckt sie die Häuserfarbe und klarblaue Fenster vervollkommnen die Gebäude. Das Bild muss jetzt gut trocknen.

Schülerarbeit

4. **Dächer:** Für die Dächer hole ich nun etwas Besonderes aus dem Schrank: Deckweiß. Wegen seiner Cremigkeit und Nähe zu „Sahne“ ist es ein heißgeliebtes Malmittel der Kinder. Die Dächer erhalten ihre „Schneehaube“. Da die umliegenden Farben durchgetrocknet sind, besteht auch keine Gefahr, dass das Deckweiß beim Malen verschmiert und verunreinigt wird. Ich tupfe den Kindern, die kein eigenes Deckweiß im Farbkasten haben, einen Klecks meiner großen Flasche in den Deckel des Farbkastens. Später werden die Reste mit etwas Handtuchpapier wieder aus dem Deckel entfernt.

Schülerarbeit

5. **Farbige Fertigstellung:** Auf der Standlinie darf noch ein verschneiter Weg ergänzt werden. Mit der Holzspitze am Ende des Pinsels tupfen wir vorsichtig und geduldig (!) Schneeflocken auf das Bild.
   Der absolute Clou ist, wenn Sie noch etwas Glitzer ausgeben, der auf die noch nassen Weißfelder gestreut wird. Die weißen Flächen wirken jetzt wie Schnee, der in der Sonne glitzert. Das sieht klasse aus. Damit kein kostbarer Glitzer verschwendet wird, werden die Glitzerreste auf ein Stück Zeitungspapier abgeschüttelt. Faltet man die Zeitung in der Mitte, lassen sich die Glitzerreste gut einsammeln und weitergeben. Wieder muss alles gut durchtrocknen.

Schülerarbeit

6. **Grafik:** Die Wirkung der Motive kann noch einmal gesteigert werden, wenn die Kinder die Umrisse der einzelnen Motive mit dem schwarzen Filzstift (z. B. einem dünnen Permanent Marker) nachfahren. Nun werden auch Details wie Fenstersprossen, Türgriffe, Schneeverwehungen etc. ergänzt.
   Auf schwarzes oder dunkelblaues Passepartout-Papier geklebt, ergeben die Bilder eine „Augenschmaus"-Ausstellung in Ihrem Schulflur oder im Klassenraum. Ich konnte unsere Bilder erst nach Jahren wieder abhängen, soooo gut gefielen Sie uns.

Reflektion

Folgende Fragestellungen können Ihnen bei einer Nachbesprechung mit den Kindern und der Beurteilung der Werke behilflich sein:

- Wie ist die Wirkung der Häusergruppe? Wie gut sind die Häuserüberschneidungen gelungen? Entsteht der Eindruck von Vorne und Hinten?
- Wurden die Häuserformen differenziert? Gibt es verschiedene Arten von Häusern? Was ist dem kleinen Künstler bei der Formgebung eingefallen? Gab es eigene Ideen?
- Wurden die Farbfelder differenziert? Wurden die Farben von Dunkel nach Hell mit Wasser aufgehellt? Ist ein deutlicher Unterschied zu erkennen?
- Wie wirkt der Himmel? Wurde die Farbe sauber und ggf. waagerecht aufgetragen? Wie wirken unterschiedliche Pinselführungen?
- Wurde für die Fenstergestaltung die Farbe deckend angerührt und sauber aufgetragen?
- Wurde das Bild durch das Bildmittel Linie ausdifferenziert? Welche Ideen hatte der kleine Künstler?
- Wie ist der Gesamteindruck? Wurde ausdauernd und sauber gearbeitet?

Schülerarbeiten

Differenzierung für schnell arbeitende Schülerinnen und Schüler

Schülerarbeit

Schnellere Schüler können die erworbenen Kenntnisse einmal anhand einer selbstgestalteten „Geburtstagstorte" ausprobieren (s. Vorlage S. 72). Mit den Buntstiften soll mit festem und leichtem Druck die Farbe differenziert und unterschiedliche Helligkeitsstufen sollen gefunden werden. Eine tolle Aufgabe, die viel Körperwahrnehmung (hinsichtlich der Stiftführung) erfordert und zu interessanten Ergebnissen führt.

Eine tolle Schüleridee zeigt auch die Abbildung „Tannenbaum". Auch hier wird das Gelb maximal differenziert.

Schülerarbeit

Übertragung des Projektthemas auf andere Gestaltungsbereiche

Grafisches Gestalten	Das Winterdorf kann auch in Schwarz-Weiß gestaltet werden. Die Schattierungen werden dann mit verschiedenen Schraffuren erzeugt. Eine einfachere grafische Umsetzung für jüngere Kinder bietet das Drucken. Egal ob Kartoffel-, Karton-, Styropor- oder Moosgummidruck, eine Häuserzeile kann jedes Kind stempeln.
Räumliches Gestalten	Winterdorf aus angemalten Schachteln mit Tonpapierdächern bauen. Die Idee eignet sich hervorragend für einen Klassenadventskalender. Wenn die Häuser Transparentpapierfenster und ein elektrisches Teelicht erhalten, ergeben sie eine stimmungsvolle Dekoration für Ihr Klassenzimmer in der dunklen Jahreszeit.
Szenisches Gestalten	Auch als Theaterkulisse für eine Weihnachtsfeier ist dieses Motiv universell und vielfach einsetzbar.
Medien	Winterlandschaften, Raureif, Frost sind reizvolle Fotomotive. Eiskristalle sind einfache Motive und können toll mit einem Malprogramm gestaltet werden.
Textiles Gestalten	In umgekehrter Reihenfolge (erst die hinteren Häuserzeilen, dann die vorderen Häuserzeilen) kann man mit Filz das Motiv zum Beispiel auf Leinentaschen kleben oder nähen. Ein exklusives Weihnachtsgeschenk!
Objekte Bildbetrachtung	Lucas van Valckenborch „Winterlandschaft bei Antwerpen mit Schneefall" (1575): Auf diesem Bild lässt sich nicht nur die Farbgebung und die dadurch entstehende kalte Winteratmosphäre betrachten. Es ist vielmehr ein unglaublich ausführliches Erzählbild über den winterlichen Alltag der Menschen im 16. Jahrhundert. Dazu muss man sich aber auf das Bild einlassen und die einzelnen Menschengruppen und ihre Aktivitäten betrachten. Auf dem Bild spielt sich quasi das ganze Leben der Menschen dieser Zeit ab.

Vorlage zu „Torte“ S. 71

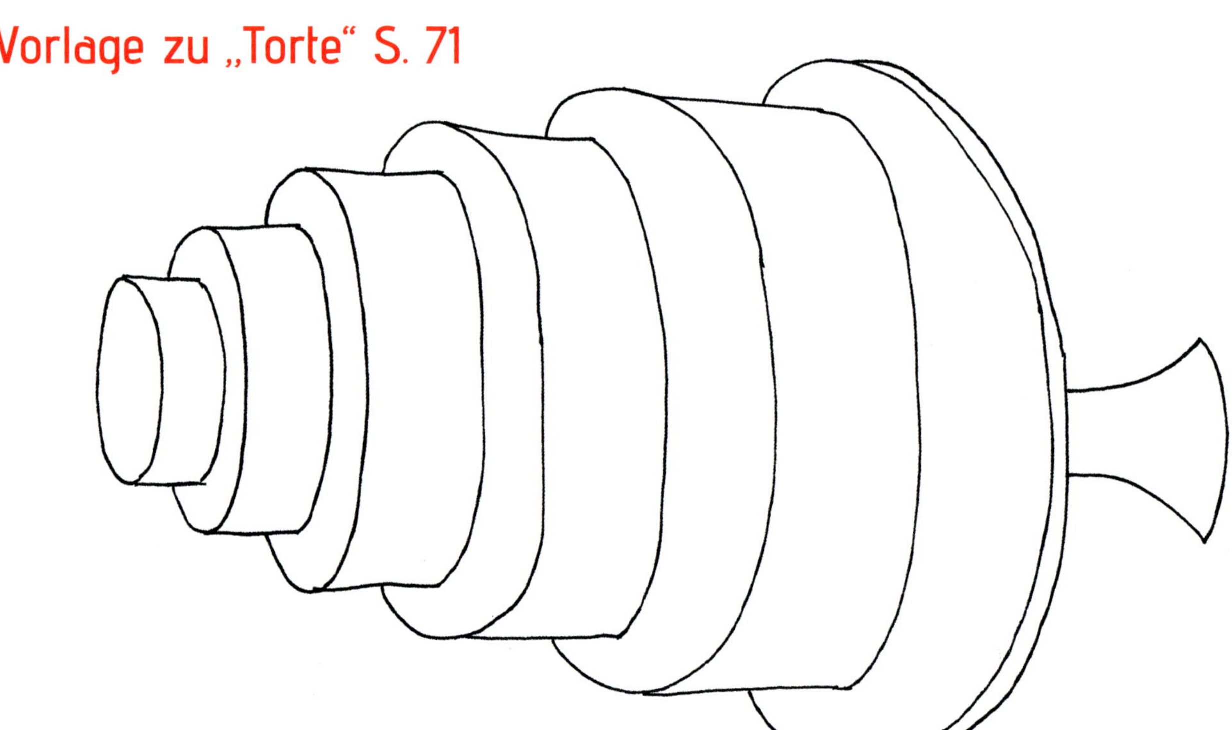